证券领域内幕交易犯罪的认定规则及刑事辩护要点

柏利忠　何　川　著

法律出版社 LAW PRESS · CHINA
北京

图书在版编目(CIP)数据

证券领域内幕交易犯罪的认定规则及刑事辩护要点 / 柏利忠, 何川著. -- 北京 : 法律出版社, 2024
ISBN 978 - 7 - 5197 - 8857 - 5

Ⅰ. ①证… Ⅱ. ①柏… ②何… Ⅲ. ①证券交易－刑事犯罪－辩护－研究－中国 Ⅳ. ①D924.334

中国国家版本馆 CIP 数据核字(2024)第 037885 号

证券领域内幕交易犯罪的认定规则及刑事辩护要点
ZHENGQUAN LINGYU NEIMU JIAOYI FANZUI DE RENDING GUIZE JI XINGSHI BIANHU YAODIAN

柏利忠
何　川　著

策划编辑 朱海波
责任编辑 朱海波
装帧设计 贾丹丹

出版发行 法律出版社
编辑统筹 法律应用出版分社
责任校对 蒋　橙
责任印制 刘晓伟
经　　销 新华书店

开本 710 毫米×1000 毫米 1/16
印张 18.25 **字数** 300 千
版本 2024 年 4 月第 1 版
印次 2024 年 4 月第 1 次印刷
印刷 北京盛通印刷股份有限公司

地址:北京市丰台区莲花池西里 7 号(100073)
网址:www.lawpress.com.cn
投稿邮箱:info@lawpress.com.cn
举报盗版邮箱:jbwq@lawpress.com.cn

销售电话:010 - 83938349
客服电话:010 - 83938350
咨询电话:010 - 63939796

书号:ISBN 978 - 7 - 5197 - 8857 - 5　**定价**:68.00 元

凡购买本社图书,如有印装错误,我社负责退换。电话:010 - 83938349

序

PREFACE

随着我国企业上市从审核制转化为注册制以及资本市场的不断扩容，特别是二级市场的日趋繁荣，科技的深度嵌入以及交易方式的创新，内幕交易事件高发、频发，呈现愈演愈烈的趋势，特别是内幕交易的方式方法翻新升级而日趋隐蔽，形式多样而繁多复杂，致使监管部门发现和司法机关认定的难度越来越大。2012 年最高人民法院、最高人民检察院出台了《关于办理内幕交易、泄露内幕信息刑事案件具体应用法律若干问题的解释》，对内幕信息的知情人员、非法获取内幕信息的人员、内幕信息敏感期、内幕交易、泄露内幕信息定罪处罚标准等法律适用问题进行了诠释，旨在解决当前司法实践中争议较大、反映突出的法律适用问题。2018 年最高人民法院、最高人民检察院出台的《关于办理利用未公开信息交易刑事案件适用法律若干问题的解释》明确了“内幕信息以外的其他未公开的信息”的范围，“违反规定”的内涵以及“明示、暗示他人从事相关交易活动”的审查、认定标准。2021 年中共中央办公厅、国务院办公厅发布的《关于依法从严打击证券违法活动的意见》明确要求要依法从严从快从重查处欺诈发行、虚假陈述、操纵市场、内幕交易等重大违法案件。

2022年最高人民检察院、公安部发布了关于印发《最高人民检察院、公安部关于公安机关管辖的刑事案件立案追诉标准的规定(二)》的通知。然而,被俗称"老鼠仓"的证券期货的内幕交易行为,靠内部消息炒股获利的市场陋习并未因严厉打击而根除,严重损害了市场交易的公平性,侵害了公众投资者的合法权益,扭曲了金融市场的价格发现和资源配置功能,尤其是并购重组、实际控制人变更等重大事件仍出现在内幕交易高发领域,内幕信息知情人直接交易占40%,对我国金融秩序构成极大的威胁,对投资者权益具有极大的危害,不仅降低了投资热情让投资者丧失投资信心,还让证券市场逐渐失去筹集资金和优化资本组合的功能。因此,对内幕交易罪进行研究,尤其是对认定规则的探讨具有特别重要的现实意义。

我国对内幕交易犯罪的刑法规定、司法解释以及司法实践的严厉打击并未完全解决内幕交易违法犯罪的多发问题,还带来了执法和司法有关该问题的争议问题。尤其是犯罪主体的扩张带来的"裙带化""复杂化"等问题,内幕交易罪案件审判的判决结果的较大差距,不仅引发了辩方与控方的激烈争议,因裁判方在犯罪主体认定上的较大分歧,也出现了在该问题认定上的"辩审冲突"现象。在规范层面,有关内幕交易的行政、刑事、民事法律责任承担,不仅存在衔接上的盲点与难点,内幕人员范围的兜底认定及交易行为方式之标准的高度盖然性与反向推定的困惑,也存在行政执法部门对"内幕信息推定""敏感期"等问题认定的困惑。这些问题的存在、观点的冲突以及认定上的差异无疑给认定困难的内幕交易罪增添了新的认定难度。本书基于上述问题,针对内幕交易主体及主观要件的行刑异同进行了深刻的比较分析,论述了内幕信息认定与抗辩理由以及内幕信息价格敏感期的认定规则与辩点,较为系统地解决了目前司法认定的难点问题。这些认识和观点对于行政执法部门、司法机关以及辩护律师均具有启发价值和参考意义。

我国2023年对金融体制进行改革，并对《证券法》《公司法》等法律进行了修改，特别是2022年最高人民检察院、公安部《关于公安机关管辖的刑事案件立案追诉标准的规定(二)》立案标准的变动，不仅会增加行政执法的处罚案件，由行政处罚过渡到刑事处罚的情形也会有所增多。这不仅是执法人员面临的挑战，也是现阶段辩护律师遇到的难点，更是目前需要研究和探索的实践重点。本书作者不仅探讨了内幕交易行为样态及行为结果归责问题，还通过典型案例提炼了相应的认定规则，并对司法案例中泄露内幕信息、内幕交易罪的抗辩理由予以归纳，提出了相应观点。这种探讨和研究内幕交易违法犯罪的方法以及基于实践案例形成的认识与观点，为执法、司法和辩护提供了认定路径，具有较强的应用价值。

本书的两位作者从事过经侦工作，具有相当丰富的认识内幕交易犯罪的实战经验，其中何川同志当下从事律师工作，又经历了内幕交易犯罪案件辩护的现实，借助于不同视角的实战经历来反观对内幕交易认定的理论和实践问题，与纯粹的理论研究相比，其对问题的洞察和认识会更加深刻，涉及问题的观点更具有见地，解决问题的思路更具有价值。可以说，这是一部极具参考价值和启发意义的实用性佳作。我相信，读者指其在手，寓目所及，必定受益匪浅。期待作者在以后的工作中总结出更多的办案经验，并将其提升为理论成果。本人不才，权且以上述认识和理解为序。

郭　华

中央财经大学法学院教授、博士生导师

2024年1月5日

自 序

PREFACE

“随着年龄的增长，我开始思考，我的起点是否就是我的终点——一个人初具的雏形是否就是他唯一真实的样貌。”当我与《你当像鸟飞过你的山》的作者一样开始思考这个问题，并且有了内心确信的否定性答案时，我选择了辞职，离开工作了十余年的警察队伍，进入了律师行业。工作及个人研究方向的原因使得我开始关注证券领域犯罪，所不同的是从原先的侦查视角转换为一种超然状态下的控辩双方对抗视角，以便更加有助于把握此类犯罪审理中司法认定的一些经验性的、逻辑性的内容。

研究越深入，越感觉到内幕交易罪的特殊性——这既体现在内幕交易行为领域的专业性，也体现在内幕交易罪犯罪构成的模糊性（如“利用”要件是否必要），以及证明标准和证明责任与其他犯罪的不同（交易行为明显异常的证明责任划分及出罪抗辩）等。同时，手段和目的交织，跨期限、跨市场操作等表现出复杂性，也使得此类犯罪的法律适用难以准确界定。在翻阅学习了市面上关于“内幕交易”的相关书籍后，发现监管视角、立法视角、控方视角的著作较多，或则篇幅较大，但市场内没有一本服务于律师及当事人法律需求的此类书籍。于是,"撰写一本面向律师及当事人的,以'内幕交易'问题法律适用需求为导向的实务书籍"便成为我心中的"山",并逐渐变得庄严、厚重起来。因担心理论研究不足,久久未敢行动。征询了一些同行、老师、朋友包括体制内一些朋友的意见后,得到的答复基本上都是"越务实、越实用,越好"。于是,我便有了以司法案例研究和部分行政案例研究为基础,以理论研究穿插说理,完成一本满足律师同行、当事人在遇到此类法律问题时参考"小册子"的基本目标。

定下目标后,就要行动。在一年来的写作过程中,写作时有断续,但好在按期完成了。在此要特别感谢我的恩师中国人民公安大学、中国刑警学院校外导师、公安部经侦局杨书文副局长,上海政法学院、中国—上海合作组织国际司法交流培训基地反洗钱与金融安全研究中心主任王铼教授,谢谢两位恩师的教导、鼓励与帮助,正是您们耐心的教导,无私的帮助,真挚的关心,让我能坚持梦想,坚持学业。还要感谢写作过程中,朋友给出的中肯建议;感谢助理赵方宇在案例搜集方面给予的帮助;也要感谢我的家人,尤其是我的妻子一直以来的坚定支持和默默付出,并将本书送给我的孩子们。

最后,本书的完成也是以一种事后的方式向一位先生的致敬,致敬他那高尚的人格、纯粹的精神、伟大的父爱。

目　录 CONTENTS

第一章　绪　论

第八章　内幕交易违法所得司法认定及实务

第九章　刑事审判参考内幕交易类案件裁判规则提炼

第一章

Chapter 1

绪　论

一、内幕交易的概念

社会对“内幕交易”的熟悉可能更多来自新闻报道及政府文件,作为证券及衍生品交易市场中常见的词汇,内幕交易的概念该如何界分,无论是对防范此类犯罪、识别此类犯罪,还是认定此类犯罪,都有着基础性的意义。

中西方对于“内幕交易”的概念有着不同的表述。如果研究英美发达市场关于内幕交易的表述,就会发现他们更倾向于从主体来定义该罪名,往往称之为“内部人员”犯罪。张小宁博士在其专著《证券内幕交易罪研究》中,对此问题有着广博和精彩的研究。[1] 文中介绍了美国、英国、欧盟、日本对于“内幕交易”行为的罪名表述:美国称为“the crime of insider trading”,直译为“内部人员交易罪”;英国及欧盟称为“the crime of insider dealing”,直译为“内幕人员买卖罪”;日本称为“インサイダー取引罪”,直译为“内部人员交易罪”。但这些证券市场发展相对较早的国家和地区,关于内幕交易的概念也不甚周延,比如从犯罪主体上来说,欧美学者虽然使用“insider”一词,但在论述中,也使用“quasi-insider”(准内幕人员)、“接受信息者”、“盗用信息者”的表述,以至于使以主体视角进行的罪名表述显得十分混乱;从交易性质判定来说,“内部人员”所进行的交易并非完全禁止,并非全部都是非法交易。

而我国对于“内幕交易”概念则似乎是借鉴了西方法律定义中的经验,既

[1] 注:张小宁博士文中观点认为我国《刑法》第一百八十条所规定的“内幕交易、泄露内幕信息罪”是一个关联性的罪名。我们先姑且放下关于本法条所确定的罪名是选择性罪名,还是关联性罪名的争议。在本书中仅讨论内幕交易行为,仅对这部分罪状予以研究。

强调了“内”，又避免了以主体进行界分的不足，在最开始便创造性地拟制出“内幕人员”这一主体概念，避免了以社会职务、角色定义的法律主体在面临复杂和变动的法律实践中的不足，在立法之中淋漓尽致地体现了东方智慧。通俗理解，所谓内幕交易，是指内幕信息知情人或非法获取内幕信息的人员，利用获取的尚未公开的内幕信息，进行相关证券买卖或通过直接间接方式促使他人进行相关买卖的行为。[1] 内幕交易实质上是损害证券市场的公正、公开、公平原则和其他投资者利益的行为。同时，我国“内幕交易”的概念也有演进过程，这将在本书第二章予以详细论述。

二、内幕交易的特点

作为证券市场领域主要的违法犯罪形式，内幕交易行为既有其他证券违法犯罪行为的通性特点，比如牟利性、涉案金额大等特点，也具有自身独特的特点，这使得内幕交易行为成为监管和打击的持续重点。

1. 相较于操纵市场行为，内幕交易行为门槛更低，从其交易量来说，因不需要达到足以操纵市场的交易体量，及时监测发现难度更大。

2. 内幕信息传递的隐蔽性，使得内幕交易行为发现较难，行为人的侥幸心理较强，无论是发达的证券市场，还是发展中的证券市场，均不同程度存在内幕交易犯罪。

3. 犯罪的逻辑具有差异性，内幕交易是据以利用利空利好的内幕信息进

〔1〕 注：内幕交易还包括期货市场中的内幕交易，为便为表述，也结合实务中常见的案例，本书仅讨论证券市场内幕交易。

行提前交易,从而获利或避免损失,而操纵市场犯罪是利用资金优势、信息优势、技术优势,人为扭曲股票市场价格,进而获利。在犯罪主体上,内幕交易行为的主体范围要广于操纵市场犯罪。

4. 内幕交易案件多与其他证券犯罪特别是操纵市场犯罪存在关联交织的复杂关系。内幕交易案件的核心是利用信息优势,而信息要素在资本市场中甚至比资本本身更具有活跃性和重要性,已发生的案例表明一些内幕交易案件背后有其他证券犯罪的身影。

5. 内幕交易手段虽然具有多样性,但因是在中心化的交易市场之中的交易,所以全部交易具有行为还原的数据基础。也正是基于此,证监部门和交易所才能够从事后的交易之中监测发现相关的犯罪线索。

三、内幕交易当罚性探析

根据《刑法》规定,具有社会危害性、刑事违法性、应受惩罚性的行为才可能被评价为刑法上的犯罪行为。作为无明显被害人的法定犯,如何理解内幕交易行为的社会危害性呢?笔者认为内幕交易行为“严重破坏市场交易秩序,严重干扰市场功能发挥,严重侵害投资者合法权益”[1]三个方面的危害是其应当受到刑事追究的原因。

---

〔1〕 满乐:《稽查执法部署已完成　“零容忍”打击利剑出鞘》,载《21世纪经济报道》2021年7月23日,第9版。

(一)内幕交易行为严重破坏市场交易秩序

参与证券交易,是在获取相关信息后的投资决策行为,决策的基础保障是作为基础设施的交易场所和交易制度,能否保证有关信息全面、及时、准确、公平、公正地向投资者公开。所以,一直以来,各国均将“三公”——“公平、公正、公开”原则作为证券市场的生命线。“有效市场理论”认为,在法律健全、功能良好、透明度高、竞争充分的股票市场,股价的走势蕴含着企业当前及未来的价值信息。正是基于对这点的信任,投资者才愿意参与到这样的市场中。所以,“保护投资者能够公平获取信息是市场监管者最重要的责任”。时任中国证监会副主席的刘新华在接受《人民日报》专访时曾慨然指出,内幕交易对证券市场的破坏是“颠覆式”的,内幕交易行为人利用提前掌握的内幕信息,在其他投资者通过公开渠道获知信息之前,抢先买入或卖出股票等证券非法谋取利益,这种行为直接违反和破坏信息公平原则,本质上是资本市场的“偷窃”。美国证券法学者曾说:“假如游戏规则允许某人在牌上做记号,那么还有谁愿意继续玩这种游戏呢?”内幕交易对证券市场运行根基造成的颠覆性破坏是任何纯粹的经济分析方法都无法进行精确评估的。内幕交易泛滥足以摧垮一个国家的资本市场,严重拖累实体经济的发展。[1]

---

[1] 参见裴显鼎、黄炜、苗有水主编:《证券期货违法犯罪案件办理指南》,北京大学出版社2014年版,第346页。

(二)内幕交易行为严重干扰市场功能发挥

证券市场的核心功能是发挥市场的作用,通过市场的价值发现功能,更好地配置社会资源,起到“看得见的手”所不具备的功能。但是,内幕交易行为人寻求通过内幕交易谋取超额利润,从根本上损害了市场价值发现和资源匹配的功能。首先,内幕交易的行为人多为“内部人”(insider),在当前现代公司股权与经营权分离普遍存在的背景下,上市公司的经营者若寻求以内幕交易谋取超额利润,则必然无心做好上市公司管理经营之职责,在遇到个人利益与公司利益相矛盾时,也很难顾全大局,这便使得公司的经营管理和创业创新遭受到了负面影响,辜负了市场资源的供给;其次,不管内幕交易者是谋取了超额利益还是避免了损失,其都给其他合法投资者造成了损失,而这些损失了的资本本应在二级市场有序流动,用于配置社会资源,但一旦被内幕交易者非法获取,其便断然不会进入一个被自己所不信任的市场,这便造成了证券交易市场的交易额和流动性下降;最后,由于内幕信息的冲击,在理性预期条件下,知情交易者与非知情交易者、噪声交易者之间展开一种关于信息与价格的行为博弈,这种行为博弈是以证券信息的私有性、内幕信息在传播与扩散为主线进行展开,在信息操纵过程中,知情交易者与非知情交易者的交易行为引起股价冲击与资产价格剧烈波动。[1] 内幕交易行为在内幕信息披露前引起的反价值操作现象会扭曲股票的价格形成机制,造成市场的错误解读,从而形成资源配置上的“劣币驱逐良币”的现象。

---

〔1〕 参见平新桥、李子然:《上市公司信息披露过程中的勾结问题》,北京大学中国经济研究中心工作论文。转引自龚林:《内幕交易对公司业绩影响的实证研究》,载 https://www.doc88.com/p-630728821003.html。

(三)内幕交易行为严重侵害投资者合法权益

内幕交易行为无非在内幕信息公开前,提前买入或卖出目标公司的股票。在目标公司股本不变的情况下,内幕交易者所买入的股票即其他投资者卖出的股票;内幕交易者卖出的股票,即被其他投资者接盘买入的股票。所以,内幕交易者所谋取的超额收益,本质上是其他投资者应得的收益;内幕交易者所避免的损失,本质上是其他投资者所承担的损失。虽然,实际生活中,也有内幕交易者的交易结果是亏损的,但仍不能基于亏损的结果来认可内幕交易行为不具有违法性,结果的无价值性并不能当然否定行为的无价值性。我们可以简单从这会大大增加市场监管成本的角度来理解。其实如何理解内幕交易亏损情况下的当罚性,这牵扯内幕交易犯罪客体的优先级问题,这个问题与社会的法律理念密切相关,根本的出发点能够追溯到刑罚的正当性来源,这在本书后面章节针对具体的问题予以详述。内幕交易行为侵害其他投资者合法权益的情况,又被形象地形容为"证券守恒定律"(The Law of Conservation of Securities)下的"零和游戏"。

四、内幕交易行政监管及内幕交易主体范围的演进

(一)正式国家级文件第一次提及"内幕交易"

新中国证券市场起步于20世纪90年代初,是以1990年12月19日上海证券交易所和1991年7月3日深圳证券交易所的成立为标志。从公开可检

索的文件来看，国家第一次在政策性文件中提及打击内幕交易是1992年4月18日，国务院批转《国家体改委、国务院生产办关于股份制企业试点工作座谈会情况报告的通知》(国发〔1992〕23号)，其中在关于“研究加强对股票市场的管理”一段的论述中，有过这样的表述“从现在的情况看，主要是解决好两个问题：一是防止操纵市场；二是制止内幕交易。笼统地讲反对投机，界限很难把握。对此，许多国家都还没有一套有效的办法。国家体改委准备同中国人民银行一起下功夫进行研究，确保股票市场的健康发展和股票交易的正常进行”。[1]

这也是现在笔者检索到的第一次以国务院文件的形式提及“内幕交易”，并且用了“制止”的表述。1992年4月，“内幕交易”作为新兴市场的新兴名词开始出现在市场交易和政府文件中。而早在1990年10月，中国人民银行发布的《证券公司管理暂行办法》中首次出现了“内部交易”一词，该办法规定“证券公司不得从事操纵市场价格、内部交易、欺诈和其他影响市场行情从中渔利的行为和交易”。[2] 由此可见在中国证券市场建立初期，在“内幕交易”概念在国内还未正式形成的时候，“内幕交易”行为已经引起国家关注，达到不得不制止的程度，可以说内幕交易行为伴随证券市场的产生而产生。为了维护证券市场秩序，必要的监管举措必不可少，行业监管由此展开，其借鉴西方国家相关立法及监管措施的痕迹也十分明显。

(二)内幕交易行业监管的开始

1992年9月17日，财政部、国家体改委印发的《注册会计师执行股份制试

〔1〕 注：检索数据库为北大法宝，检索时间2022年7月31日。
〔2〕 葛向孜：《内幕交易监管下的豁免制度研究》，法律出版社2022年版，第138页。

点企业有关业务的暂行规定》(〔92〕财办字第24号)第十二条,对执行股票上市公司业务的会计师事务所的执业行为作出规定,要求"除遵守第十一条的各项规定外,不得委派拥有股票上市公司股票的注册会计师及其助理人员担任该公司的会计查帐验证,并应遵守其他应当回避的事项。注册会计师拥有上市公司股票,必须向本会计师事务所如实报告,并记录在案,以便确实做到回避,防止发生内幕交易"。可以看出,我国对于内幕交易行为的行政监管是从中介机构开始的,也是伴随着我国证券市场实践产生的,因为彼时市场的投资者中,注册会计师有资格、业务机会参与到证券发行和上市公司的日常经营中,有能力消化"内幕信息",评估股价影响,是内幕交易行为的"重灾区"。

(三)"内幕交易"行政立法沿革及行政监管的全面建立

1.1993年两部行政法规的出台标志着我国对内幕交易的行政监管的建立。

1993年,国务院迅速出台了两部法规,对证券发行、交易及管理予以规定,内幕交易行为成为行政监管的内容,拉开了对内幕交易进行行政处罚的序幕。

1993年4月22日,国务院以命令形式发布《股票发行与交易管理暂行条例》(国务院令第112号),其中第七十二条规定:"内幕人员和以不正当手段获取内幕信息的其他人员违反本条例规定,泄露内幕信息、根据内幕信息买卖股票或者向他人提出买卖股票的建议的,根据不同情况,没收非法获取的股票和其他非法所得,并处以五万元以上五十万元以下的罚款。证券业从业人员、证券业管理人员和国家规定禁止买卖股票的其他人员违反本条例规定,直接或者间接持有、买卖股票的,除责令限期出售其持有的股票外,根据不同情况,单处或者并处警告、没收非法所得、五千元以上五万元以下的罚款。"

《股票发行与交易管理暂行条例》的出台,为内幕交易行政处罚提供了依据,具有创新性,也有不足点。创新性在于,在借鉴西方等证券市场发展相对较早的国家和地区的“内幕交易”概念时,注意到了西方国家关于内幕交易的概念不甚周延,比如从行为主体上来说,欧美使用“insider”一词,但在论述中,使用“quasi-insider”(准内幕人员)、“接受信息者”、“盗用信息者”的表述,内幕交易主体的内涵及外延具有模糊性的问题。所以,我国在立法时,创造性地拟制了“内幕人员”的表述,将主体身份的判定予以后台化、实质化,防止了因规定的概念不周延,而导致法律漏洞。

《股票发行与交易管理暂行条例》的不足其一在于:从表述内容来看,虽然为行政处罚提供了法律依据,但是较少地考虑到了内幕交易、泄露内幕信息行为的特殊性,没有相应赋予调查机构合理怀疑的理由,明确证明责任和证明标准,[1]加重了调查人员的责任和调查的难度。其二是在内幕交易主体方面,对于非内部人员获得内幕信息后进行交易,其仅限于“通过不正当手段”,在一定程度上排除了一部分内幕交易行为的违法性。这些不足,造成了前期行政监管稀疏的执法成果,一定程度上使得在证券市场建立的初期,内幕人员对内幕信息的保密义务没有引起足够的重视。[2]

1993年9月2日,国务院批复同意国务院证券委员会制定的《禁止证券欺诈行为暂行办法》(国函〔1993〕122号),其中,除了将“内幕交易”与操纵市

〔1〕 中国证券监督管理委员会第一次稽查工作碰头会中指出,“对于证券市场发生的众多违法犯罪案件,司法机关对定性、量刑仍缺乏必要的法律依据。”直至最高人民法院出台《关于审理证券行政处罚案件证据若干问题的座谈会纪要》(法〔2011〕225号),明确了证券行政违法案件的证明责任分配问题,指出“人民法院在审理证券行政处罚案件时,也应当考虑到部分类型的证券违法行为的特殊性,由监管机构承担主要违法事实的证明责任,通过推定的方式适当向原告、第三人转移部分特定事实的证明责任”。

〔2〕 根据1995年6月8日,《中国证券监督管理委员会关于印发第一次稽查工作碰头会会议纪要的通知》所记载内容:1993年以来,证监会依据《股票发行与交易管理暂行条例》等证券法规的规定,对16起重大证券违法违规行为进行了查处。其中,属于违反信息披露规定案件7起,内幕交易案件1起,操纵市场案件2起。

场、欺诈客户、虚假陈述等行为列为证券欺诈行为之外，也对上文所说的《股票发行与交易管理暂行条例》的第二点不足作出了一些改变：

第四条规定：

本办法所称内幕交易包括下列行为：

（一）内幕人员利用内幕信息买卖证券或者根据内幕信息建议他人买卖证券；

（二）内幕人员向他人泄露内幕信息，使他人利用该信息进行内幕交易；

（三）非内幕人员通过不正当的手段或者其他途径获得内幕信息，并根据该信息买卖证券或者建议他人买卖证券；

（四）其他内幕交易行为。

该条将内幕信息的来源范围从"以不正当手段获取"扩大至了"以不正当手段获取或者其他途径获得"，及时弥补了《股票发行与交易管理暂行条例》规定不周延所导致的处罚漏洞。

第十三条规定：

内幕人员和以不正当手段或者其他途径获得内幕信息的其他人员违反本办法，泄露内幕信息、根据内幕信息买卖证券或者建议他人买卖证券的，根据不同情况，没收非法获取的款项和其他非法所得，并处五万元以上五十万元以下的罚款。

内幕人员泄露内幕信息，除按前款的规定予以处罚外，还应当依据国家其他有关规定追究其责任。

正是这条规定，将内幕交易行为与泄露内幕信息这两种往往存在事实关联的行为，在处罚依据上予以了明确。可以理解为，泄露内幕信息，致使他人利用该内幕信息交易的，泄露内幕信息人员一同作为内幕交易共犯处罚；如果仅泄露内幕信息，未有人利用该内幕信息进行交易，也未获得非法款项和所得，除了可以依据《股票发行与交易管理暂行条例》进行罚款处罚，还可能按照国家其他有关规定追究责任。

可以说,《禁止证券欺诈行为暂行办法》是在《股票发行与交易管理暂行条例》的基础上,专门针对证券欺诈行为予以的规定,界定了“内幕交易”的行为构成,进一步厘清了内幕交易和泄露内幕信息之间的关系,将内幕信息的法定保密义务和责任进一步明确,也为日后将内幕交易与泄露内幕信息行为共同入刑埋下了伏笔。

另外,1997 年 3 月 3 日实施的《证券市场禁入暂行规定》[1]同时对从事内幕交易行为的证券从业人员,作出了市场禁入的规定。

至此,在行政立法的维度,在《证券法》发布之前,对内幕交易的行政处罚已基本建立。

2.《证券法》的出台全面规定了内幕交易行为的构成及罚则,为内幕交易侵权行为的民事求偿提供了法律依据。

1998 年 12 月 29 日《证券法》的出台,标志着证券市场的规范性要求从行政法规上升到法律层面,在一定的立法经验基础上,对内幕交易的相关规定也更为妥切。

其中,主要有以下几个方面特点:一是将“内幕人员”的称呼变为“内幕信息知情人员”,作了文意上的梳理,并以职务可能性、事实认定、兜底认定三个维度的方式,对内幕信息知情人员的范围予以规定;二是将内幕交易行为的主体“内幕人员和以不正当手段或者其他途径获得内幕信息的其他人员”做了限缩,变更为“内幕信息知情人员或者非法获取内幕信息的其他人员”,排除了无限式追责的情形,从而对于传递型获取内幕信息而进行交易的行为予以限定了一定的打击范围,减少了个案链式追查的执法成本,提升了执法的权威性;

---

〔1〕《证券市场禁入暂行规定》已被 2006 年 7 月 10 日《证券市场禁入规定》废止。

三是明确规定了"内幕信息"的法定种类和有权鉴定机构，一定程度上对执法和守法的标准进行了统一；四是完善了行政处罚的合理性，之前1993年《股票发行与交易管理暂行条例》和《禁止证券欺诈行为暂行办法》对内幕交易的处罚设定的是罚金区间，顶格处罚是50万元，但内幕交易非法所得往往巨大，仍有人在利益的驱使下，以身试法。《证券法》将行政处罚调整为"倍数罚"——"责令依法处理非法获得的证券，没收违法所得，并处以违法所得一倍以上五倍以下或者非法买卖的证券等值以下的罚款"。极大地震慑了此类违法行为，提高了违法成本。

《证券法》出台的背景是1997年《刑法》修订的时候，已经将内幕交易和泄露内幕信息的行为入刑。所以，《证券法》对于内幕交易和泄露内幕信息情节严重的行为，明确列入了追究刑事责任的范围，实现了打击内幕交易和泄露内幕信息行为的行刑共治。

因"总结资本市场监管经验，根据最新市场形势，修订补充落后条款"的需要，《证券法》自出台后，先后经历了2次修订、3次修正。其中，2005年《证券法》的修正具有重要意义，其有以下几个方面特点：

其一，将内幕交易的行为主体包括为内幕信息知情人和非法获取内幕信息的人，理顺了和刑法的法条关系。

其二，去掉了"……不得买入或者卖出所持有的该公司的证券，或者泄露该信息或者建议他人买卖该证券"中"所持有的"的表述，进一步完善了"禁止利用内幕信息交易"的法条表述，对解决"资本和信息联合炒股"的实务难题提供了立法支撑，堵上了立法漏洞，在行政立法和刑事立法衔接的方面，理顺了作为法定犯的内幕交易，其行政违法性是刑事有责性的先决条件的法理关系。

其三，结合实际情况，对股东收购上市公司股份的"内部交易"，完善了法律豁免制度安排。2004年之前的《证券法》规定，只有持股5%以上股东收购上市公司股份,才享有“内部交易”的豁免权。但实际经济生活中,股东增持上市公司股份很普遍,大量的关联主体、关联交易存在,使得如此严格的“内幕交易”制度既难执行,又很普遍,有损法律的权威性。结合实际情况和上市公司的披露制度,对“持股5%以上股东”作出了扩大解释,包括“持有或者通过协议、其他安排与他人共同持有公司百分之五以上股份的自然人、法人、其他组织”。

其四,规定内幕交易行为给投资者造成损失的,行为人应当依法承担赔偿责任。为内幕交易民事赔偿责任提供了明确的法律依据,解决了内幕交易民事求偿的因果关系证明难题。

其五,删除了内幕交易“构成犯罪的,依法追究刑事责任”的表述,表面上是不再提及刑事追究的内容,但因为《刑法》的规定已然存在,实质上构造了“行政处罚”和“刑事追责”行刑并行的处理机制。

3.《证券市场内幕交易行为认定指引(试行)》为内幕交易行政认定提供了标准化的范式,对证明责任予以了分配,也明确规定了非法性的责任阻却事由。

2007年3月27日,证监会出台《证券市场内幕交易行为认定指引(试行)》,[1]对内幕交易的概念进行了明确定义,规定“本指引所称内幕交易行为,是指证券交易内幕信息知情人或非法获取内幕信息的人,在内幕信息公开前买卖相关证券,或者泄露该信息,或者建议他人买卖相关证券的行为”。同时,明确了证监会查证内幕交易行为的工作原则和方法,指出“证券执法人员应当依据法律、法规和规章规定的程序,遵循专业标准和职业道德,运用逻辑推理和生活经验,全面、客观、公正地审核证据,确认事实,准确适用法律”。从上述规定中可知,内幕交易证券违法行为的行政稽查需要职业道德约束,需要

---

〔1〕 注:《证券市场内幕交易行为认定指引(试行)》已于2020年10月30日被《关于修改、废止部分证券期货制度文件的决定》(中国证券监督管理委员会公告〔2020〕66号)废止。

运用生活经验帮助确认事实的情况,其制定的背景就是在总结多年以来内幕交易查处工作经验的基础上而作出,也从侧面反映了在内幕交易查处工作的特殊性和难度。

根据《证券市场内幕交易行为认定指引(试行)》的第十四条规定,“(内幕信息法定知情人)内幕信息知情人,在内幕信息敏感期内有本指引第十三条所列行为的,应认定构成内幕交易,除非其有足够证据证明自己并不知悉有关内幕信息”。本条的核心作用便是对内幕交易的证明责任进行了重新分配,将“排除嫌疑的证明责任”划归为了行政相对人。但对于其他内幕信息知情人,仍将证明有非法获取内幕信息的行为的证明责任划归为行政机关。

《证券市场内幕交易行为认定指引(试行)》的另一个重大变化是明确列明了几种不构成内幕交易行为的情形,避免了行政执法“误伤”正当的证券交易行为,也为诸如传递型内幕交易的行为划定了执法边界。

4.2007 年 8 月 15 日证监会出台《关于规范上市公司信息披露及相关各方行为的通知》[1]再次从上市公司信息披露工作的角度强调了内幕信息知情人员的范围及保密义务。

《关于规范上市公司信息披露及相关各方行为的通知》第三条规定,对于正在筹划中的可能影响公司股价的重大事项,上市公司及其董事、监事、高级管理人员,交易对手方及其关联方和其董事、监事、高级管理人员(或主要负责人),聘请的专业机构和经办人员,参与制定、论证、审批等相关环节的有关机构和人员,以及提供咨询服务、由于业务往来知悉或可能知悉该事项的相关机构和人员等(以下简称内幕信息知情人)在相关事项依法披露前负有保密义

〔1〕 2022 年 1 月 5 日,被证监会《关于废止 4 部证券期货制度文件的决定》(中国证券监督管理委员会公告〔2022〕24 号)废止。

务。在上市公司股价敏感重大信息依法披露前,任何内幕信息知情人不得公开或者泄露该信息,不得利用该信息进行内幕交易。

其中,“可能知悉该事项的相关机构和人员”对内幕信息具有保密义务,是“推定”方式认定内幕交易主体身份的规章依据。

在吴某与中国证券监督管理委员会的二审行政诉讼中,[1]吴某2不服山西证监局以北京市西城区人民法院一审判决对其主体身份的认定,以不具有内幕交易主体身份为由提出上诉。二审法院在行政诉讼中,援引此条规定,认定彭某某系“因业务关系而知悉内幕信息的人”,属于内幕信息知情人员,吴某2在内幕信息敏感期内与彭某某有联络,且对于自身的异常交易行为缺乏合理解释,驳回了吴某的上诉。

证监会2008年4月16日出台《上市公司重大资产重组管理办法》,[2]对内幕交易比较容易利用的资产重组类内幕信息进行专门规定,同样也规定了“知悉或可能知悉”的内容。[3]

5.《最高人民法院关于审理证券行政处罚案件证据若干问题的座谈会纪要》的印发从行政诉讼审理的角度确定了内幕交易案件的证明责任分配及证明标准。

2011年6月23日,最高人民法院会同有关部门在北京召开专题座谈会,对证券行政处罚案件中有关证据审查认定等问题达成共识,并于7月13日发

---

〔1〕 行政处罚:山西证监局作出[2018]4号《行政处罚决定书》;一审(2019)京0102行初371号;二审(2019)京02行终1923号。

〔2〕 注:中国证券监督管理委员会令第53号,自2008年出台后,历经6次修订(正),最新一次修正为2023年。

〔3〕 第三十九条(2023年修订版是第41条):上市公司及其董事、监事、高级管理人员,重大资产重组的交易对方及其关联方,交易对方及其关联方的董事、监事、高级管理人员或者主要负责人,交易各方聘请的证券服务机构及其从业人员,参与重大资产重组筹划、论证、决策、审批等环节的相关机构和人员,以及因直系亲属关系、提供服务和业务往来等知悉或者可能知悉股价敏感信息的其他相关机构和人员,在重大资产重组的股价敏感信息依法披露前负有保密义务,禁止利用该信息进行内幕交易。

布《关于审理证券行政处罚案件证据若干问题的座谈会纪要》(法〔2011〕225号),从文首交代的文件出台的背景可以看出,证券行政处罚案件的证据规则问题一直是证券监督管理机构行政执法与投资者所关切的问题,也关系着政府部门依法行政的形象。

首当其冲需要司法解释进行明确的便是行政处罚的证明责任分配问题。《最高人民法院关于审理证券行政处罚案件证据若干问题的座谈会纪要》第一条规定:“监管机构根据行政诉讼法第三十二条、《最高人民法院关于行政诉讼证据若干问题的规定》第一条的规定,对作出的被诉行政处罚决定承担举证责任。人民法院在审理证券行政处罚案件时,也应当考虑到部分类型的证券违法行为的特殊性,由监管机构承担主要违法事实的证明责任,通过推定的方式适当向原告、第三人转移部分特定事实的证明责任。”同时,出于维护执法权威、减少执法和司法资源浪费等原因,《最高人民法院关于审理证券行政处罚案件证据若干问题的座谈会纪要》还规定了较为严格的证据提交期限,“监管机构在听证程序中书面明确告知行政相对人享有提供排除其涉嫌违法行为证据的权利,行政相对人能够提供但无正当理由拒不提供,后又在诉讼中提供的,人民法院一般不予采纳”。

其次,《最高人民法院关于审理证券行政处罚案件证据若干问题的座谈会纪要》作出的另一个重要转变是——相较于证监会出台的《证券市场内幕交易认定指引(试行)》的规定,其放宽了对内幕信息知情人的密切关系人的内幕交易行为认定的证据标准。《证券市场内幕交易认定指引(试行)》中规定除了法定内幕信息知情人之外的其他人员,相关交易被认定为内幕交易,需要证明其有知悉内幕信息的行为。鉴于此类证据多为一对一之间的言词证据,且密切关系人言词证据的稳定性很难做到,而密切关系人往往通联频繁、方式多样。所以,《最高人民法院关于审理证券行政处罚案件证据若干问题的座谈会纪要》在对内幕信息知情人的密切关系人内幕交易的行政处罚案件的证据规格中，排除了知悉内幕信息的行为的证据要求，转而以“证券交易活动与内幕信息基本吻合”，且“不能作出合理说明或提供证据排除利用内幕信息从事相关证券交易活动的”予以认定行政处罚的合法性。

（四）内幕交易的刑事立法沿革

1.《刑法》的两次修正，堵上了内幕交易手段的变通漏洞。

自1997年修订《刑法》，将内幕交易、泄露内幕信息罪列入《刑法》第一百八十条后，《刑法》的两个修订案涉及此罪名，有关修订见表1－1：

表1－1 《刑法》对“内幕交易、泄露内幕信息罪”的修改

1997年《刑法》修订	1999年《刑法修正案》	2009年《刑法修正案（七）》
证券交易内幕信息的知情人员或者非法获取证券交易内幕信息的人员，在涉及证券的发行、交易或者其他对证券的价格有重大影响的信息尚未公开前，买入或者卖出该证券，或者泄露该信息，情节严重的，处五年以下有期徒刑或者拘役，并处或者单处违法所得一倍以上五倍以下罚金；情节特别严重的，处五年以上十年以下有期徒刑，并处违法所得一倍以上五倍以下罚金。 单位犯前款罪的，对单位判处罚金，并对其直接负责的主管人员和其他直接责任人员，处五年以下有期	四、将刑法第一百八十条修改为：“证券、期货交易内幕信息的知情人员或者非法获取证券、期货交易内幕信息的人员，在涉及证券的发行，证券、期货交易或者其他对证券、期货交易价格有重大影响的信息尚未公开前，买入或者卖出该证券，或者从事与该内幕信息有关的期货交易，或者泄露该信息，情节严重的，处五年以下有期徒刑或者拘役，并处或者单处违法所得一倍以上五倍以下罚金；情节特别严重的，处五年以上十年以下有期徒刑，并处违法所得一倍以上五倍以下罚金。 “单位犯前款罪的，对单位判处罚金，并对其直接负责的主管人	二、将刑法第一百八十条第一款修改为：“证券、期货交易内幕信息的知情人员或者非法获取证券、期货交易内幕信息的人员，在涉及证券的发行，证券、期货交易或者其他对证券、期货交易价格有重大影响的信息尚未公开前，买入或者卖出该证券，或者从事与该内幕信息有关的期货交易，或者泄露该信息，或者明示、暗示他人从事上述交易活动，情节严重的，处五年以下有期徒刑或者拘役，并处或者单处违法所得一倍以上五倍以下罚金；情节特别严重的，处五年以上十年以下

续表

1997 年《刑法》修订	1999 年《刑法修正案》	2009 年《刑法修正案(七)》
徒刑或者拘役。 内幕信息的范围,依照法律、行政法规的规定确定。 知情人员的范围,依照法律、行政法规的规定确定。	员和其他直接责任人员,处五年以下有期徒刑或者拘役。 “内幕信息、知情人员的范围,依照法律、行政法规的规定确定。”	有期徒刑,并处违法所得一倍以上五倍以下罚金。”〔1〕

《刑法》的两次修正案对“内幕交易、泄露内幕信息罪”的修改主要是两个方面:第一次修改是将期货市场也纳入内幕交易、泄露内幕信息罪所规制的市场;第二次修改是对内幕交易、泄露内幕信息客观构成要件要素行为方式的补充完善,将“明示、暗示他人从事上述交易活动”作为内幕交易、泄露内幕信息的行为方式,其目的是防止不法分子利用法律漏洞实施内幕交易行为。

2. 内幕交易司法解释的出台,为综合判定交易行为的异常性提供了参考维度,也为内幕交易的出罪提供了法定理由。

2012 年 3 月 29 日,最高人民法院、最高人民检察院出台《关于办理内幕交易、泄露内幕信息刑事案件具体应用法律若干问题的解释》(法释〔2012〕6 号,以下简称《内幕交易司法解释》)。《内幕交易司法解释》的出台第一次从刑事司法的角度明确了交易行为异常的认定方法,指出“相关交易行为明显异常”,要从时间吻合程度、交易背离程度和利益关联程度等方面综合认定。具体来说,时间吻合程度,即从行为人开户、相关交易、资金变化等时间与内幕信息形成、变化、公开的时间吻合程度上把握;交易背离程度应该包括两种:一是行为人的行为与基于公开信息反映的目标股票的基本面而理应采取的“理性”交易行为的背离程度;二是相关交易和行为人过往的交易行为特点的背离程度;利

〔1〕《刑法修正案(七)》还增加了第一百八十条第四款,利用未公开信息交易罪,此处略。

益关联程度,即从账户交易资金进出与该内幕信息的知情人员或者非法获取人员有无关联或者利害关系进行把握。

《内幕交易司法解释》规定了详细的“相关交易明显异常”的审查标准,其背后的深层法理原因是刑罚作为社会治理的“最后手段”,其证据规格上当然地严于行政执法,所以,对于事实认定的证据标准是不一样的;其次,《内幕交易司法解释》的出台,也为司法人员基于法定职责综合认定案件事实提供了法定的考量维度,指导裁判者如何形成内心的确信。其背后隐含的法律依据是刑事案件的裁判者应当对于行政机关认定事实进行独立审查,后续诸多的内幕交易不起诉案件也说明了此点。

《内幕交易司法解释》的另一个重点就是明确了内幕交易立案追诉标准、升格刑的标准,以及不构成内幕交易的情形,将“(一)持有或者通过协议、其他安排与他人共同持有上市公司百分之五以上股份的自然人、法人或者其他组织收购该上市公司股份的;(二)按照事先订立的书面合同、指令、计划从事相关证券、期货交易的;(三)依据已被他人披露的信息而交易的;(四)交易具有其他正当理由或者正当信息来源的”排除在刑事犯罪之外。

3.《最高人民法院、最高人民检察院、公安部、中国证监会关于办理证券期货违法犯罪案件工作若干问题的意见》的出台为包括内幕交易在内的证券违法犯罪活动的行刑衔接提供了程序性、架构性的设计。

2011 年 4 月 27 日,最高人民法院、最高人民检察院、公安部、中国证监会联合发布《关于办理证券期货违法犯罪案件工作若干问题的意见》(证监发〔2011〕30 号,以下简称《四部委证券期货犯罪意见》)。《四部委证券期货犯罪意见》对加强“行刑衔接”,特别是行政调查机关和刑事执法机关之间的程序性衔接、协助配合,以及行政证据的移交与采信,证券犯罪案件的级别管辖作出了具体规定。该意见还明确指出,“证券监督机构可以根据司法机关办案需要，依法就案件涉及的证券期货专业问题向司法机关出具认定意见”，该条规定也被视为“行政认定函”的证据资格和证据效力的权利、来源。

五、内幕交易罪的犯罪构成

犯罪构成、证据规格、证明标准关系行为罪与非罪的界限。根据《刑法》规定，内幕交易罪是指“证券、期货交易内幕信息的知情人员或者非法获取证券、期货交易内幕信息的人员，在涉及证券的发行，证券、期货交易或者其他对证券、期货交易价格有重大影响的信息尚未公开前，买入或者卖出该证券，或者从事与该内幕信息有关的期货交易，或者明示、暗示他人从事上述交易活动，情节严重的行为”。[1] 此处的“情节严重”即所谓的“情节犯”，或者用储槐植教授的观点表述为，我国刑法不同于西方刑法“立法定性，司法定量”特点而专有的“立法对犯罪概念既定性又定量”的特点。[2] 需要说明的是，如果是行政处罚在前，刑事追责在后的内幕交易行为，在刑事司法程序中，经过审查或审判，司法机关不认为相关交易行为是犯罪，作出了不起诉或无罪判决，不当然引起行政处罚程序的撤销或无效的法律后果。具体行政处罚行为的撤销仍需要按照行政法的相关规定，通过行政行为的救济程序进行，包括申请行政复议、行政复核或提起行政诉讼。

按照传统的四要件犯罪构成理论，内幕交易犯罪的构成包括以下四个方面。

---

〔1〕 注：在论述时，将构成“泄露内幕信息罪”的“或者泄露该信息”予以了隐去，仅就内幕交易有关罪状进行阐述。

〔2〕 参见储槐植：《我国刑法中犯罪概念的定量因素》，载《法学研究》1988 年第 2 期。

(一)犯罪的主体

根据我国现行《刑法》的规定,内幕交易的主体主要包括“内幕信息知情人”和“非法获取内幕信息的人”两大类。

“内幕信息知情人”是指《证券法》第五十一条明确列举的内幕信息知情人类型,这其中可分为三小类:(1)因特殊身份而直接被规定为“内幕信息知情人”的人,包括:“(一)发行人及其董事、监事、高级管理人员;(二)持有公司百分之五以上股份的股东及其董事、监事、高级管理人员,公司的实际控制人及其董事、监事、高级管理人员;(三)发行人控股或者实际控制的公司及其董事、监事、高级管理人员”。(2)因业务往来、履行职责,经查证具有相关业务来往、履职事实的人员,包括:“(四)由于所任公司职务或者因与公司业务往来可以获取公司有关内幕信息的人员;(五)上市公司收购人或者重大资产交易方及其控股股东、实际控制人、董事、监事和高级管理人员;(六)因职务、工作可以获取内幕信息的证券交易场所、证券公司、证券登记结算机构、证券服务机构的有关人员;(七)因职责、工作可以获取内幕信息的证券监督管理机构工作人员;(八)因法定职责对证券的发行、交易或者对上市公司及其收购、重大资产交易进行管理可以获取内幕信息的有关主管部门、监管机构的工作人员”。(3)授权证监会作出认定的人员,包括“(九)国务院证券监督管理机构规定的可以获取内幕信息的其他人员”。

上述人员的特点是对内幕信息的知悉是因身份、因业务往来、因履职而获知,其获知行为的本身不具有非法性,也是保守内幕信息秘密的义务人。

“非法获取内幕信息的人”是指依照《内幕交易司法解释》第二条的规定,以事实认定、逻辑推定两种方式来认定为“非法获取内幕信息的人”。(1)事实认定的方式包括:“(一)以窃取、骗取、套取、窃听、利诱、刺探或者私下交易等非法手段获取内幕信息的人员”。(2)逻辑推定的方式是指:“(二)内幕信息知情人员的近亲属或者其他与内幕信息知情人员关系密切的人员,在内幕信息敏感期内,从事或者明示、暗示他人从事,或者泄露内幕信息导致他人从事与该内幕信息有关的证券、期货交易,相关交易行为明显异常,且无正当理由或者正当信息来源的;(三)在内幕信息敏感期内,与内幕信息知情人员联络、接触,从事或者明示、暗示他人从事,或者泄露内幕信息导致他人从事与该内幕信息有关的证券、期货交易,相关交易行为明显异常,且无正当理由或者正当信息来源的。”

(二)犯罪的主观方面

内幕交易罪的犯罪主观方面为利用内幕消息进行证券、期货交易,谋取不法利益的主观意愿。但实务中,由于证券、期货交易本身的经营属性,所以在主观故意的证据方面,往往只需要证明行为人的刑事责任能力,即对行为的清醒认识和自由意志,而无须证明“非法牟利”的目的。

(三)犯罪的客体

犯罪的客体即犯罪所侵害的法益。内幕交易犯罪的客体是复杂客体,包括其他投资人的合法权益,以及证券、期货市场的管理秩序等。由于这些犯罪客体是因行为的存在而被法律所认可受到侵害的,所以实务中不需要证明。所需要证明的往往是行为的后果达到了司法解释所规定的立案追诉标准,值得科以刑罚,追究刑事责任。

(四)犯罪的客观方面

内幕交易犯罪的客观方面的待证事实主要有以下一些方面:

1. 相关信息属于内幕信息。

内幕交易的基础是存在内幕信息。《刑法》规定,内幕信息的范围根据法律、行政法规进行认定。《证券法》采用定义及罗列的方式,对内幕信息作出了规定。第五十二条第一款规定:“证券交易活动中,涉及发行人的经营、财务或者对该发行人证券的市场价格有重大影响的尚未公开的信息,为内幕信息。”

刑事实践中,从刑事执法和刑事司法的角度,判断一个信息是否属于“内幕信息”,主要有两种方式:一是看有无国务院证券监督管理机构对该信息是否属于“内幕信息”的认定函;二是根据信息所涉内容,对号入座,看是否属于《证券法》第八十条第二款、第八十一条第二款所列的重大事件。但普遍认定“内幕信息”应当具有重大性、相关性、秘密性(非公开性)三个特点。[1]

第一,重大性,即有关信息达到了足以影响投资者决策与市场交易价格的程度,实务中往往进行种类判定,判断相关信息是否属于《证券法》相关条款所列的信息种类意思射程内;第二,相关性,即有关信息与行为人所交易的上市证券、期货发行人相关;第三,非公开性,即有关信息尚未(按照法定或者规定的方式)公开,不为一般投资者所知悉。关于非公开性,是采取形式主义,按照是否在《证券法》所规定的渠道公开?还是采取实质主义,按照有关消息被市场广大投资者所知悉?这仍是一个容易引起争执的问题。

---

〔1〕 也有学者认为内幕信息需要两性,即重大性(重要性)、秘密性(非公开性)。关于这点,本书在后面章节予以探讨。

2. 相关交易系在内幕信息敏感期内完成。

利用内幕信息进行交易需要证明相关交易是在内幕信息的敏感期内完成,内幕信息的敏感期是一个期间,其起于内幕信息的形成时间,包括重大时间的动议、筹划、决策之时,按照孰先的原则进行确定。

内幕信息敏感期的结束时间的认定,学术上有两类、三种观点:第一类是采取形式公开标准,按照内幕信息在法定渠道上公开之时进行确定;第二类是采取实质性公开标准:一种是按照相关信息被实质性公开进行确定;另一种实质性公开则更为严苛,需要相关信息被市场充分消化后,一般操作上是规定实质性公开后的一段时间后,内幕信息才算公开。[1]

对于内幕信息的公开时间而言,我国采取严格要式主义的公开原则,即上市公司信息披露应当在证监会指定的媒体发布。[2] 实践中,在相关信息尚未依法披露的情况下,如果该信息率先被媒体或在一定范围内传播,按照《上市公司信息披露管理办法》关于临时披露义务的规定,[3]上市公司或者其他信息披露义务人应当立即予以澄清。在正式公告之前,知悉内幕信息的人不得进行交易。但其他投资者可以进行交易,对这些投资者来说,媒体的率先报道

---

〔1〕 参见张祥宇:《内幕交易罪客观构成要件要素研究》,中国政法大学出版社 2018 年版,第 128 页。

〔2〕 《内幕交易司法解释》第五条第四款规定:"内幕信息的公开,是指内幕信息在国务院证券、期货监督管理机构指定的报刊、网站等媒体披露。"

〔3〕 《上市公司信息披露管理办法》第二十四条规定:上市公司应当在最先发生的以下任一时点,及时履行重大事件的信息披露义务:

(一)董事会或者监事会就该重大事件形成决议时;

(二)有关各方就该重大事件签署意向书或者协议时;

(三)董事、监事或者高级管理人员知悉该重大事件发生时。

在前款规定的时点之前出现下列情形之一的,上市公司应当及时披露相关事项的现状、可能影响事件进展的风险因素:

(一)该重大事件难以保密;

(二)该重大事件已经泄露或者市场出现传闻;

(三)公司证券及其衍生品种出现异常交易情况。

一般被视为市场传言。

3. 相关人员“知悉”该内幕信息，在买卖相关证券时，有利用该内幕信息的成分。

相关人员知悉该内幕信息的认定应当结合行为人主体身份的证据一并进行认定。按照主体身份的三种类型划分：

（1）对于因职务、工作、履行职责而具备内幕信息知情人：往往需要结合书证、当事人陈述和辩解、证人证言、视听资料、电子数据等证据进行，包括研究相关重大事项的会议记录、报告、批复；当事人曾收到、阅读相关内幕信息的书证、电子数据（主要是文件的传阅签字单、电子邮件记录）；相关证人对当事人曾参与、知悉该内容的证言；能够证明当事人知悉该内幕信息的视听资料等。

在认定“知悉”相关内幕信息的情况下，如果相关人员在内幕信息的敏感期内进行了相关证券的交易，且系在知悉该内幕信息之后。基于“意识是行为的先导”的哲学认识，则从控方证明责任来说，视为完成了“利用该内幕信息进行交易”的待证事项，无须再对如何利用该内幕信息进行交易作出证明。

（2）对于内幕信息知情人的密切关系人：《内幕交易司法解释》采取了以依据事实推定的方式来认定“知悉＋利用”。具体来说是在有证据能够证明当事人与某内幕信息知情人具有身份、行为上的密切关系时，而该当事人又在内幕信息敏感期内，且在相关的内幕信息知情人知悉内幕信息后，进行了相关证券的买卖，且交易行为异常，当事人自己无合理解释的。

（3）对于需要国务院证券监督管理机构认定可以获取内幕信息的其他人员：国务院证券监督管理机构的有关认定函中，应当有知悉内幕信息的事实认定，及有关证券交易行为的认定。

4. 对于交易金额、获利或避免损失金额的认定。

《内幕交易司法解释》第五条、第六条规定了内幕交易罪的情节严重（立案追诉标准)及情节特别严重的标准,为了依法准确量刑,保证罚当其罪,在对内幕交易案件进行司法认定时,还需要对内幕交易行为的后果——内幕交易金额、获利或避免损失的金额予以认定。通常情况下,对于利用利好内幕信息,抢先买入,在内幕消息公布后再进行高点卖出的,一般认为实际获利金额即非法所得;对于持续持有,在案发时未卖出的,司法实践中,一般采取“市场消化理论”,即以内幕信息价格影响消除日为基日,以基日当日所持有的证券的浮盈浮亏情况作为获利金额,由国务院证券监督管理机构予以认定;对于利用利空内幕消息,提前卖出相关证券,避免损失的,避免损失的金额一般由国务院证券监督管理机构予以认定。同时,在追究刑事责任时,由于规定了交易金额和获利金额两种定量的评价行为危害后果的方法,采取的是择高认定的原则。

六、内幕交易刑事司法认定与行政认定的异同

内幕交易刑事司法认定是指在刑事程序中对相关行为是否构成《刑法》第一百八十条所规定的内幕交易罪,因其和行政认定所依据的法律不同,所以在认定标准上,刑事司法认定和行政认定也不尽相同。

(一)内幕交易行为刑事司法认定的法律依据

1.《刑法》。

《刑法》第一百八十条规定:【内幕交易、泄露内幕信息罪】证券、期货交易内幕信息的知情人员或者非法获取证券、期货交易内幕信息的人员,在涉及证券的发行,证券、期货交易或者其他对证券、期货交易价格有重大影响的信息

尚未公开前,买入或者卖出该证券,或者从事与该内幕信息有关的期货交易,或者泄露该信息,或者明示、暗示他人从事上述交易活动,情节严重的,处五年以下有期徒刑或者拘役,并处或者单处违法所得一倍以上五倍以下罚金;情节特别严重的,处五年以上十年以下有期徒刑,并处违法所得一倍以上五倍以下罚金。

单位犯前款罪的,对单位判处罚金,并对其直接负责的主管人员和其他直接责任人员,处五年以下有期徒刑或者拘役。

内幕信息、知情人员的范围,依照法律、行政法规的规定确定。

2.《内幕交易司法解释》。

《内幕交易司法解释》除了对内幕交易知情人员和非法获取内幕信息的人员、内幕信息含义、刑事案件立案追诉标准和情节特别严重的标准、非法获利金额有明确规定之外,还对如何综合认定相关交易是异常交易,以及不构成内幕交易罪的行为有明确规定。

第三条　本解释第二条第二项、第三项规定的"相关交易行为明显异常",要综合以下情形,从时间吻合程度、交易背离程度和利益关联程度等方面予以认定:

(一)开户、销户、激活资金账户或者指定交易(托管)、撤销指定交易(转托管)的时间与该内幕信息形成、变化、公开时间基本一致的;

(二)资金变化与该内幕信息形成、变化、公开时间基本一致的;

(三)买入或者卖出与内幕信息有关的证券、期货合约时间与内幕信息的形成、变化和公开时间基本一致的;

(四)买入或者卖出与内幕信息有关的证券、期货合约时间与获悉内幕信息的时间基本一致的;

(五)买入或者卖出证券、期货合约行为明显与平时交易习惯不同的;

（六）买入或者卖出证券、期货合约行为，或者集中持有证券、期货合约行为与该证券、期货公开信息反映的基本面明显背离的；

（七）账户交易资金进出与该内幕信息知情人员或者非法获取人员有关联或者利害关系的；

（八）其他交易行为明显异常情形。

第四条　具有下列情形之一的，不属于刑法第一百八十条第一款规定的从事与内幕信息有关的证券、期货交易：

（一）持有或者通过协议、其他安排与他人共同持有上市公司百分之五以上股份的自然人、法人或者其他组织收购该上市公司股份的；

（二）按照事先订立的书面合同、指令、计划从事相关证券、期货交易的；

（三）依据已被他人披露的信息而交易的；

（四）交易具有其他正当理由或者正当信息来源的。

（二）内幕交易行为行政认定的法律依据

1.《证券法》（2019 年修订）。

第五十三条第一款　证券交易内幕信息的知情人和非法获取内幕信息的人，在内幕信息公开前，不得买卖该公司的证券，或者泄露该信息，或者建议他人买卖该证券。

2. 中国证券监督管理委员会《证券市场操纵行为认定指引（试行）》。[1]

第六条　符合下列情形之一的，为证券交易的内幕人：

---

〔1〕 注：根据《关于修改、废止部分证券期货制度文件的决定》（中国证券监督管理委员会公告〔2020〕66 号），此文件已被废止。但此文能够较清晰地说明行政监管机关是如何认定内幕交易行为的，故本书予以引用。

（一）《证券法》[1]第七十四条第（一）项到第（六）项规定的证券交易内幕信息的知情人；

（二）中国证监会根据《证券法》第七十四条第（七）项授权而规定的其他证券交易内幕信息知情人，包括：

1. 发行人、上市公司；

2. 发行人、上市公司的控股股东、实际控制人控制的其他公司及其董事、监事、高级管理人员；

3. 上市公司并购重组参与方及其有关人员；

4. 因履行工作职责获取内幕信息的人；

5. 本条第（一）项及本项所规定的自然人的配偶；

（三）本条第（一）项、第（二）项所规定的自然人的父母、子女以及其他因亲属关系获取内幕信息的人；

（四）利用骗取、套取、偷听、监听或者私下交易等非法手段获取内幕信息的人；

（五）通过其他途径获取内幕信息的人。

第十二条　符合下列条件的证券交易活动，构成内幕交易：

（一）行为主体为内幕人；

（二）相关信息为内幕信息；

（三）行为人在内幕信息的价格敏感期内买卖相关证券，或者建议他人买卖相关证券，或者泄露该信息。

第十三条　本指引第十二条第（三）项的行为包括：

---

〔1〕注：此处是指2015年《证券法》。本书忽略因《证券法》修改而对内幕交易法定知情人的主体所造成的影响。

(一)以本人名义,直接或委托他人买卖证券;

(二)以他人名义买卖证券;

具有下列情形之一的,可认定为以他人名义买卖证券:

1. 直接或间接提供证券或资金给他人购买证券,且该他人所持有证券之利益或损失,全部或部分归属于本人;

2. 对他人所持有的证券具有管理、使用和处分的权益;

(三)为他人买卖或建议他人买卖证券;

(四)以明示或暗示的方式向他人泄露内幕信息。

第十四条　本指引第六条第(一)、(二)项规定的内幕信息知情人,在内幕信息敏感期内有本指引第十三条所列行为的,应认定构成内幕交易,除非其有足够证据证明自己并不知悉有关内幕信息。

本指引第六条第(三)、(四)、(五)项规定的其他内幕信息知情人和非法获取内幕信息的人,在内幕信息敏感期内有本指引第十三条所列行为的,应在根据相关证据综合判断其是否知悉内幕信息的基础上认定其是否构成内幕交易。

第十五条　以单位名义实施内幕交易行为,且违法所得归单位所有的,应认定为单位的内幕交易行为。

单位实施内幕交易行为的,直接负责的主管人员和其他直接责任人员按照下列规定认定:

(一)直接负责的主管人员,是指在内幕交易中起决定、批准、指挥、授意、纵容等作用的人员,一般是单位的主管负责人,包括法定代表人。

(二)其他直接责任人员,是指在内幕交易中具体实施内幕交易行为并起较大作用的人员,既可以是单位的经营管理人员,也可以是单位的职工,包括聘任、雇佣的人员。

(三)内幕交易行为刑事司法认定及行政认定的相同点

1. 二者规定的内幕交易行为的主体范围相同。

行政调查程序及刑事司法程序对内幕交易主体的认定,均是包括《证券法》第五十一条规定的内幕信息知情人[1]及非法获取内幕信息的人员。

2. 二者对内幕信息的认定相同。

《刑法》规定,对于内幕信息的定义,依照法律、行政法规的规定确定。《证券法》对内幕信息予以了规定,包括《证券法》第八十条、第八十一条所列的重大事项,对于一些无法确定是否属于内幕信息的消息,可由国务院证券监督管理机构予以认定。

3. 对内幕信息敏感期的认定规则已基本相同。

直至 2020 年 10 月 30 日《证券市场内幕交易行为认定指引(试行)》被废止之前,关于内幕信息敏感期的规定,实际上存在长期的法理悖论——在内幕交易敏感期的公开时间点的认定上,行政认定坚持实质公开的理念,而刑事认定坚持严格的形式公开理念。

废止前,在行政认定层面,《证券市场内幕交易行为认定指引(试行)》第十一条规定:"本指引所称的内幕信息公开,是指内幕信息在中国证监会指定的报刊、网站等媒体披露,或者被一般投资者能够接触到的全国性报刊、网站等媒体揭露,或者被一般投资者广泛知悉和理解。"

在现行《证券法》中,对内幕信息的敏感期并无具体规定,而是用"内幕信息在公开之前"笼统地为内幕信息敏感期的终结点进行定义,但对内幕信息敏

[1] 注:为便于行文,此处不讨论期货市场内幕交易的情形。

感期的形成并无明确的规定。《证券法》第八十条第一款所规定的“发生……重大事件,投资者尚未得知的,公司应当立即报告”,[1]其实质不是内幕信息敏感期形成的时刻,而是法定的临时披露义务时刻,也即在披露义务履行之前,内幕信息知情人的禁绝交易义务及保密义务仍是法定义务。

在刑事认定层面,《内幕交易司法解释》第五条对内幕信息敏感期的刑事认定予以了明确的规定,本解释所称“内幕信息敏感期”是指内幕信息自形成至公开的期间。关于形成之时,又有明确的规定,包括有关“计划”“方案”的形成时间,也包括“影响内幕信息形成的动议、筹划、决策或者执行人员,其动议、筹划、决策或者执行初始时间”,所谓的“影响内幕信息形成”即包括了具体内幕信息的动议、筹划阶段。

刑事认定中,对于内幕信息敏感期的公开时间点具有严格的形式格式,规定:“内幕信息的公开,是指内幕信息在国务院证券、期货监督管理机构指定的报刊、网站等媒体披露。”

所以,到2020年10月30日,证监会公告废止了《证券市场内幕交易行为认定指引(试行)》,关于内幕信息敏感期的认定,行政认定及刑事认定的标准进行了统一,只不过是《内幕交易司法解释》阐述得较为彻底和细致。

4. 对于内幕交易行为认定的基本范式相同。

无论是行政认定,还是刑事入罪,其对于何为“内幕交易”行为,具有相同的认定范式。具体来说是依据下述逻辑展开:

(1)相关信息可以评价为内幕信息;

---

[1] 《证券法》第八十条第一款规定:发生可能对上市公司、股票在国务院批准的其他全国性证券交易场所交易的公司的股票交易价格产生较大影响的重大事件,投资者尚未得知时,公司应当立即将有关该重大事件的情况向国务院证券监督管理机构和证券交易场所报送临时报告,并予公告,说明事件的起因、目前的状态和可能产生的法律后果。

(2)行为人是内幕信息知情人或非法获取内幕信息的人;

(3)在内幕信息敏感期内买卖相关证券或者建议他人买卖相关证券,或者泄露该信息;

(4)相关交易金额达到应当追究法律责任的程度。

(四)行政认定及刑事认定的不同点

1. 行政认定的“案由”与刑事认定的“罪名”不同。

《证券法》第五十三条第一款规定,“证券交易内幕信息的知情人和非法获取内幕信息的人,在内幕信息公开前,不得买卖该公司的证券,或者泄露该信息,或者建议他人买卖该证券”。从2020年废止的中国证监会《证券市场内幕交易行为认定指引(试行)》第二条“本指引所称内幕交易行为,是指证券交易内幕信息知情人或非法获取内幕信息的人,在内幕信息公开前买卖相关证券,或者泄露该信息,或者建议他人买卖相关证券的行为”可以看出,行政语境中的“内幕交易”案由是包括“泄露内幕信息”的。

而《刑法》第一百八十条规定是内幕交易、泄露内幕信息罪,有的司法实践将之作为选择性罪名,对于内幕信息知情人或非法获取内幕信息的人泄露该内幕信息,以“泄露内幕信息罪”的罪名追究刑事责任。

2. 排除行政违法性与刑事出罪的理由不同。

除了行为人对相关内幕信息不知悉的事实抗辩及符合法律、法规规定的交易之外,[1]关于内幕交易行为排除非法事由,《证券市场内幕交易行为认定指引(试行)》被废止之前,对不构成内幕交易行为的情形有具体的规定:

---

〔1〕 注:此处指是“非法获取内幕信息的人”的主体抗辩。

第十九条　上市公司、上市公司控股股东或其他市场参与人,依据法律、行政法规和规章的规定,进行下列市场操作的,不构成内幕交易行为:

(一)上市公司回购股份;

(二)上市公司控股股东及相关股东行为履行法定或约定的义务而交易上市公司股份;

(三)经中国证监会许可的其他市场操作。

第二十条　有下列情形之一的,行为人的证券交易活动不构成内幕交易行为:

(一)证券买卖行为与内幕信息无关;

(二)行为人有正当理由相信内幕信息已公开;

(三)为收购公司股份而依法进行的正当交易行为;

(四)事先不知道泄露内幕信息的人是内幕人或泄露的信息为内幕系信息;

(五)中国证监会认定的其他正当交易行为。

但《证券市场内幕交易行为认定指引(试行)》被废止后,内幕交易非法性排除的理由并无法律法规的规定,而由国务院证券监督机构予以内部把握。

在刑事出罪方面,《内幕交易司法解释》第四条规定:

第四条　具有下列情形之一的,不属于刑法第一百八十条第一款规定的从事与内幕信息有关的证券、期货交易:

(一)持有或者通过协议、其他安排与他人共同持有上市公司百分之五以上股份的自然人、法人或者其他组织收购该上市公司股份的;

(二)按照事先订立的书面合同、指令、计划从事相关证券、期货交易的;

(三)依据已被他人披露的信息而交易的;

(四)交易具有其他正当理由或者正当信息来源的。

鉴于《证券法》未对行政机关排除内幕交易的行政违法性有详细的规定，我们将《证券市场内幕交易行为认定指引(试行)》中所列的排除违法性理由与《内幕交易司法解释》出罪理由进行对比，见表1－2。

表1－2 《证券市场内幕交易行为认定指引(试行)》中所列的排除违法性理由与《内幕交易司法解释》出罪理由对比

《证券市场内幕交易行为认定指引(试行)》第十九条、第二十条	《内幕交易司法解释》第四条	对比说明
(一)上市公司回购股份		因上市公司回购股份有专门的规定和审查程序，已排除了刑事违法性，所以司法解释中予以了排除
(三)为收购公司股份而依法进行的正当交易行为	(一)持有或者通过协议、其他安排与他人共同持有上市公司百分之五以上股份的自然人、法人或者其他组织收购该上市公司股份的	根据《上市公司收购管理办法》的规定，持有或者通过协议、其他安排与他人共同持有上市公司百分之五以上股份的自然人、法人或者其他组织作出报告、公告前，不得自行买卖该上市公司的股票。司法解释将此行为排除在内幕交易行为之外，一方面是因为主体的特殊性，另一方面也是因为考虑到和信披违规行为之间的竞合关系
(一)证券买卖行为与内幕信息无关； (二)上市公司控股股东及相关股东行为履行法定或约定的义务而交易上市公司股份	(二)按照事先订立的书面合同、指令、计划从事相关证券、期货交易的	《内幕交易司法解释》对《证券市场内幕交易行为认定指引(试行)》在执法、侦查操作层面进行了细化

续表

《证券市场内幕交易行为认定指引(试行)》第十九条、第二十条	《内幕交易司法解释》第四条	对比说明
(二)行为人有正当理由相信内幕信息已公开	(三)依据已被他人披露的信息而交易的	司法解释对信息的来源的正当性作了限缩,以客观事实来避免了司法认定的不稳定性,最大限度保持裁判的一致性
(四)事先不知道泄露内幕信息的人是内幕人或泄露的信息为内幕系信息	(四)交易具有其他正当理由或者正当信息来源的	司法解释将信息来源正当性的证明责任予以明确为犯罪嫌疑人、被告人的证明责任
(三)经中国证监会许可的其他市场操作		鉴于内幕交易、泄露内幕信息罪是行政程序前置的实务运行模式,司法解释对此条进行了删除

七、内幕交易刑事司法认定中的难点

如果进行形象的比喻,毫不夸张地说,虽然内幕交易入刑 20 余年了,但内幕交易罪至今仍披着神秘的面纱,如下面所列的一些问题仍困扰着实务人员和从业人员:

1. 传递型内幕交易犯罪主体的边界该如何把握?

2. 偶然性获知内幕信息的其他人员是否属于内幕交易罪的犯罪主体?

3. 内幕信息的特征中应不应该包括关联性?

4. 内幕信息要求有确定性吗?

5. 内幕信息要求完整性吗?

6. 内幕信息的非公开性应当作形式把握还是实质把握？其与内幕信息敏感期截止日期的关系该如何理解？

7. 内幕信息敏感期的形成时间该如何确定？

8. 内幕交易违法所得的认定问题？

9. 行政认定函的效力问题？

10. 证券衍生品能否成为内幕交易的犯罪对象？

11. 内幕消息已在市场传播，内幕信息知情人的相关交易是否具有阻却事由？

12. 内幕交易的隐性构成要件是否要求利用内幕信息？

……

在本书中，我们将进行一些必要探讨，希望本书能给大家带来些许参考。

第二章

Chapter 2

内幕交易主体及主观要件的行刑异同

本书暂不探讨中西方在内幕交易主体上表述差异的历史原因和理论路径,仅是以此来引出“内幕人(内幕交易主体)”的认定对于行为认定的重要性,即“无内幕人,则无内幕交易”,进而来进入本章的主题——我国内幕交易主体及主观要件的行刑异同。

一、现行内幕交易行政处罚的主体依据

随着作为稽查规范指引的《证券市场内幕交易行为认定指引(试行)》被废止,证券稽查执法从部门规章为主要依据进入到以《证券法》主要依据的规范时代。

(一)《证券法》对于内幕信息知情人的历次修改

自 1998 年《证券法》颁布以来,先后经历了 5 次修订(正),关于内幕信息知情人的规定,历次的修订及对比见表 2 – 1:

表 2－1 《证券法》关于内幕信息知情人规定的历次修订

1998 年《证券法》	2004 年修正	2005 年修订	2013 年修正	2014 年修正	2019 年修正
（一）发行股票或者公司债券的公司董事、监事、经理、副经理及有关的高级管理人员；	（一）发行股票或者公司债券的公司董事、监事、经理、副经理及有关的高级管理人员；	（一）发行人的董事、监事、高级管理人员；	（一）发行人的董事、监事、高级管理人员；	（一）发行人的董事、监事、高级管理人员；	（一）发行人及其董事、监事、高级管理人员；
（二）持有公司百分之五以上股份的股东；	（二）持有公司百分之五以上股份的股东；	（二）持有公司百分之五以上股份的股东及其董事、监事、高级管理人员，公司的实际控制人及其董事、监事、高级管理人员；	（二）持有公司百分之五以上股份的股东及其董事、监事、高级管理人员，公司的实际控制人及其董事、监事、高级管理人员；	（二）持有公司百分之五以上股份的股东及其董事、监事、高级管理人员，公司的实际控制人及其董事、监事、高级管理人员；	（二）持有公司百分之五以上股份的股东及其董事、监事、高级管理人员，公司的实际控制人及其董事、监事、高级管理人员；
（三）发行股票公司的控股公司的高级管理人员；	（三）发行股票公司的控股公司的高级管理人员；	（三）发行人控股的公司及其董事、监事、高级管理人员；	（三）发行人控股的公司及其董事、监事、高级管理人员；	（三）发行人控股的公司及其董事、监事、高级管理人员；	（三）发行人控股或者实际控制的公司及其董事、监事、高级管理人员；
（四）由于所任公司职务可以获取公司有关证券交易信息的人员；	（四）由于所任公司职务可以获取公司有关证券交易信息的人员；	（四）由于所任公司职务可以获取公司有关内幕信息的人员；	（四）由于所任公司职务可以获取公司有关内幕信息的人员；	（四）由于所任公司职务可以获取公司有关内幕信息的人员；	（四）由于所任公司职务或者因与公司业务往来可以获取公司有关内幕信息的人员；

续表

1998 年《证券法》	2004 年修正	2005 年修订	2013 年修正	2014 年修正	2019 年修正
（五）证券监督管理机构工作人员以及由于法定的职责对证券交易进行管理的其他人员；	（五）证券监督管理机构工作人员以及由于法定的职责对证券交易进行管理的其他人员；	（五）证券监督管理机构工作人员以及由于法定职责对证券的发行、交易进行管理的其他人员；	（五）证券监督管理机构工作人员以及由于法定职责对证券的发行、交易进行管理的其他人员；	（五）证券监督管理机构工作人员以及由于法定职责对证券的发行、交易进行管理的其他人员；	（七）因职责、工作可以获取内幕信息的证券监督管理机构工作人员； （八）因法定职责对证券的发行、交易或者对上市公司及其收购、重大资产交易进行管理可以获取内幕信息的有关主管部门、监管机构的工作人员；
（六）由于法定职责而参与证券交易的社会中介机构或者证券登记结算机构、证券交易服务机构的有关人员；	（六）由于法定职责而参与证券交易的社会中介机构或者证券登记结算机构、证券交易服务机构的有关人员；	（六）保荐人、承销的证券公司、证券交易所、证券登记结算机构、证券服务机构的有关人员；	（六）保荐人、承销的证券公司、证券交易所、证券登记结算机构、证券服务机构的有关人员；	（六）保荐人、承销的证券公司、证券交易所、证券登记结算机构、证券服务机构的有关人员；	（六）因职务、工作可以获取内幕信息的证券交易场所、证券公司、证券登记结算机构、证券服务机构的有关人员；

续表

1998 年《证券法》	2004 年修正	2005 年修订	2013 年修正	2014 年修正	2019 年修正
—	—	—	—	—	（五）上市公司收购人或者重大资产交易方及其控股股东、实际控制人、董事、监事和高级管理人员；
（七）国务院证券监督管理机构规定的其他人员。	（七）国务院证券监督管理机构规定的其他人员。	（七）国务院证券监督管理机构规定的其他人。	（七）国务院证券监督管理机构规定的其他人。	（七）国务院证券监督管理机构规定的其他人。	（九）国务院证券监督管理机构规定的可以获取内幕信息的其他人员。

对比可以看出,《证券法》在2005年修订及2019年修正时,对“内幕信息知情人”均有较大的修改。

1. 2005年修订主要是秉持着穿透的思维,将上市公司的股东及董事、监事、高级管理人员、实际控制人及董事、监事、高级管理人员,以及上市公司控股的公司的董事和监事补充至内幕信息法定知情人之中。直至2019年《证券法》修正前,内幕交易法定知情人的主体身份还都基本上是恪守着“身份中心主义”的路径,其理论基础也源于“信义关系理论”和“私用理论”。

2. 2019年修正对内幕信息法定知情人的修正幅度较大,是基于更多的执法实践和理论研究而作出的修正。一个明显的变化是从“身份中心主义”到“信息中心主义”的变迁,[1]也代表了内幕行为禁绝的理论基础从传统“信义关系理论”向“信息平等理论”的理论转向。基于对案件的总结和反思,以及对域外证券法律制度的借鉴,本次修订加入因业务、主管、监管等关系而具有知悉内幕信息可能性的单位、主体,以及上市公司收购人及重大资产交易方及其董事、监事、高级管理人员、控股股东和实际控制人,列为法定内幕信息知情人范畴。同时,对证券监督管理机构工作人员用事实认定进行了限缩,以回应“存在特殊身份但事实不知情的主体身份当否认定”的问题。[2]

(二)法定的内幕信息知情人是否当然具有主体身份

这里所说的“法定的内幕信息知情人”是指《证券法》第五十一条前三项

〔1〕参见夏中宝:《从“身份中心主义”到“信息中心主义”——内幕交易主体法律规制之变迁》,载《金融服务法律评论》2014年第1期。

〔2〕参见夏中宝:《从“身份中心主义”到“信息中心主义”——内幕交易主体法律规制之变迁》,载《金融服务法律评论》2014年第1期。

所规定的内幕信息知情人,也即仅指本节犯罪主体部分所归类的“因特殊身份而直接被规定为‘内幕信息知情人’”。具体包括:(1)发行人及其董事、监事、高级管理人员;(2)持有公司5%以上股份的股东及其董事、监事、高级管理人员,公司的实际控制人及其董事、监事、高级管理人员;(3)发行人控股或者实际控制的公司及其董事、监事、高级管理人员。

上述人员因系发行人或发行人的大股东或控股/控制的公司的董事、监事、高级管理人员、实际控制人,而被法律规定为内幕信息知情人。但是在具体的个案中,能否直接因上述人员在内幕信息敏感期内进行证券交易,而认定相关行为是内幕交易行为呢?也即能否依据“法定身份”+“敏感期内交易”来据以认定构成内幕交易罪?这是题目问题的核心所在。

我们认为,这个问题其实是个伪命题,也可以推导出另一个问题,即“知悉并利用内幕信息”是否是犯罪构成的要件要素,是否是公诉机关的证明对象?这里一并解答。

第一,基于“罪刑法定原则”,我们推断出“法不禁止即自由”的价值结论。而《刑法》没有规定发行人或发行人的大股东或控股/控制的公司的董事、监事、高级管理人员、实际控制人禁止交易发行人的股票。行政监管层面的相关要求是另一法律层面上的问题。

第二,法律禁止内幕交易行为并规定了刑罚,其正当性来源于英国的“古典特殊关系理论”,在Cady,Roberts & Co.案中,“古典特殊关系”理论一词出现于美国证券交易委员会(SEC)的意见书中,其认为公司内部人员如控股股东、董事、高级管理人员在获悉事关公司的重要信息时,负有或者披露该信息或者戒绝利用该信息实施交易的义务,即所谓的“披露或戒绝”义务。[1] “披

---

[1] 参见张小宁:《证券内幕交易罪研究》,中国人民公安大学出版社2011年版,第112~113页。

露或戒绝”义务本质上是为了保证股东之间的公平性。

第三,基于当代刑法的因果关系归责理论,不能将某个交易的时间与特定内幕信息的匹合度这一客观实在作为因果关系的证成,从而人为地赋予或拟制交易的危害性,将其作为犯罪行为予以认定和处罚。

第四,由于相关内幕信息的动议、完善、发展是一系列的过程,而具体人员的交易行为和内幕信息所处的具体阶段的前后关系又不尽相同,客观上确实存在边缘人员知悉内幕信息的时间落后于核心人员的合理性和事实情况,如果内幕交易行为的认定不要求有“知悉并利用内幕信息”的构成要件要素,必将导致与发行人有关的上述主体在法律没有禁止交易发行人股票的情况下,交易行为具有极大的法律不确定性,这与法理和法治精神是违背的,也将先天性剥夺一部分人“关注型”“跟除型”“长期型”投资者的投资机会,使得自家人和关联人天然不能购买本公司股票,从而不利于资本市场活跃和发展。

所以,法定的内幕信息知情人并不具有当然的内幕交易犯罪的主体身份,不能基于“法定身份”+“敏感期内交易”来认定行为人构成内幕交易犯罪,仍需要证明行为人有“在交易之前知悉内幕信息”的客观事实。

之所以说题目的问题是个伪命题,是由于对此问题的判断已超越了规范性判断的犯罪,而应当属于事实判断的范畴,脱离具体案件对此进行判断不具有任何意义。那么,为什么《证券法》将之予以规定在“内幕信息知情人”的定义之中,而《内幕交易司法解释》对此又进行了援引?我们认为这是立法的技巧,又是立法的无奈。说其“技巧”是揣测立法者期望以主体罗列的形式,提醒与上述与发行人有关的人员注意法律规定,戒绝不法交易,从而发挥法律作为规范性文件对人的行为的指引作用,毕竟,司法案例中上述人员群体也是内幕交易犯罪的主要群体;言其“无奈”,是因为通过上述的推导,明确可以得出该规定不具有直接作为规范性条款应用的价值,而仍对此进行规定,反映出了立法技术对于生活描述上的力不从心。

(三)内幕交易行政认定主体身份认定范式变化

总体来看,当前内幕交易主体身份认定存在一定的转向,但整体上沿着《证券法》所规定的"内幕信息知情人"及"非法获取内幕信息的人"两种范式展开。

1.法定内幕信息知情人由"身份说"到"知悉说"转变。

所谓"身份说",是指对于《证券法》规定的内幕信息知情人,在认定其主体身份时,不需要有事实的依据,属于完全的法律拟定。也即"具有特殊身份的人进行了证券交易即构成内幕交易,应纳入内幕交易主体的法律规制范畴"。

而"知悉说"则认为,内幕交易主体必须实际知悉内幕信息。

以上两种观点,"身份说"更符合法律文意,"知悉说"更符合法理。两者各有理据争议,导致内幕交易主体规制的法治实践在"身份说"和"知悉说"之间摇摆。但证券监督机构行政执法活动更倾向于"知悉说",对于法定的"内幕信息知情人"仍要有证据证明其知悉内幕信息的事实依据。

2.司法解释明确内幕信息知情人的密切关系人属于推定的非法获取内幕信息的人。

《最高人民法院关于审理证券行政处罚案件证据若干问题的座谈会纪要》(法〔2011〕225号)的出台,为内幕交易行政处罚中认定非法获取内幕信息的人提供了进一步的法律依据。

第五条第二款规定,《证券法》第七十四条规定的内幕信息知情人的配偶、父母、子女以及其他有密切关系的人，其证券交易活动与该内幕信息基本吻合且不能作出合理说明或者提供证据排除利用内幕信息从事相关证券交易活动的构成内幕交易。

有观点认为“密切关系＋交易活动基本吻合”是密切关系人满足内幕交易主体构成要件的范式，但本书认为主体和行为应当是二分法，《证券法》第五十条规定的内幕信息知情人及非法获取内幕信息的人的保密义务和交易禁绝义务的原因也是此，否则没有必要将此条和第五十三条第一款同时存在。[1] 至于交易活动与内幕信息的形成和变化“基本吻合”和分配给行政被处罚人的“不能作出合理说明或者提供证据排除其存在利用内幕信息从事相关证券交易活动的”的证明责任，则是对于客观行为违法性的认定问题，分属于行政机关和行政相对人两方，不应纳入主体范围内评判。

3. 对于积极获取型非法获得内幕信息人的主体认定，采用了基于一定客观事实上的推定范式。

对于在内幕信息公开前与内幕信息知情人或知晓该内幕信息的人联络、接触的主体，行政机关的基础证明责任是“联络、接触”的事实存在，且具有异常性。

《证券法》（2019 年修正）第五十七条第（七）项的修正可以解释此点认定逻辑。在 2019 年修正案之前，法定的内幕信息知情人中，证券监督管理机构工作人员是全部作为“内幕信息知情人”规定的，但是在 2019 年修正时，对此予以了限缩，规定为“因职责、工作可以获取内幕信息的证券监督管理机构工

---

〔1〕《证券法》第五十条规定：禁止证券交易内幕信息的知情人和非法获取内幕信息的人利用内幕信息从事证券交易活动。第五十三条第一款规定：证券交易内幕信息的知情人和非法获取内幕信息的人，在内幕信息公开前，不得买卖该公司的证券，或者泄露该信息，或者建议他人买卖该证券。

作人员”,修订的理由既有上述的“身份说”到“知悉说”的转变,也有法律体系化解释的必然要求。对于内幕信息,证券监督管理机构工作人员在工作中总会有人因工作原因接触,而同在该机构工作的人员因上班地点和工作关系具有接触甚至联系的事实与可能,这些人的密切关系人又符合“推定”的逻辑,这便导致了这个群体的正常证券交易具有极大法律风险不确定性。所以,《证券法》2019 年修正时,对此予以了修订。同样的逻辑,在以“联络或接触”内幕信息知情人来认定获得内幕信息的时候,必须进行限缩解释,要求行政机关查证“联络或接触”的异常性,比如联络信息的内容中包含目标证券信息、行为上的非正常联络和接触等。

4. 对于被动获取内幕信息的人员的主体身份认定,需要满足两个前提。

所谓被动获取内幕信息的人员,是指既非采取不正当手段主动获取,又非因密切身份关系而推定获知或具有较高的知悉可能性,而是第三人的偶然获取。在认定被动获取内幕信息的人符合内幕交易主体身份时,要采取必要限缩,否则不仅会加大稽查执法难度,损害执法公信力,也不利于维持必要的证券流通效率。

认定被动获取内幕信息的人员符合内幕交易主体身份要满足以下两个前提:[1]

一是行为人应当是与法定内幕信息知情人不具有密切关系的人,否则应适用本条第 2 点的规则。

二是行为人主观上必须是明知,明知的内容包括两个方面:其一是明知信息的性质属于或应当属于内幕信息;其二是明知信息泄露者是内幕信息知情

[1] 参见刘晓虎:《关于内幕交易犯罪案件若干问题研究》(上),载《上海证券报》2016 年 6 月 8 日,第 10 版。

人或非法获取内幕信息的人，对于此点的认识范围之要求达到对于信息来源人身份、职务的认识，或获取内幕信息手段和方式的认识即可。也即所获得的信息具有区别于市场传闻的特异性。

【案例】

关于此点，上海市第一中级人民法院撰写的《证券内幕交易犯罪案件的审理思路和裁判要点》[1]中的案例予以充分地诠释：黄某系C公司（系上市公司）总经理。李某与杨某分别为黄某的专职司机和保姆，黄某从未向两人透露过自己的工作单位或职务等情况。李某通过长期接送黄某上下班及参加应酬等判断出黄某系C公司的高级管理人员，而杨某对黄某的身份和职务等并不知情。李某和杨某偶然听到黄某打电话时谈及C公司重大资产重组的信息，随后二人在该内幕信息敏感期内分别买入C公司股票。

上海市第一中级人民法院认为：专职司机李某和保姆杨某均与内幕信息知情人员黄某有密切关系，但李某通过黄某的工作单位和职务级别，能够据此判断出黄某谈及的项目内容具有真实性和实现可能性，可以认定其产生了内幕交易的犯罪故意，属于非法获取内幕信息的人员。杨某则对黄某的工作、身份一无所知，抱着"试试看"的心态从事相关交易，因此不具有犯罪故意，不能认定为本罪的适格主体。

上述内幕交易行为主体行政认定的规则变化，综合体现出了"知悉说"的

〔1〕 上海市第一中级人民法院：《证券内幕交易犯罪案件的审理思路和裁判要点》，载 https://www.a-court.gov.cn/platformData/infoplat/pub/no1court_2802/docs/201907/d_3541004.html。

主体进路演进，不能否认这种转变背后有证监会在个别行政诉讼案件中败诉的影响，[1]以及随着依法治国的深入推进，证券监督执法机构不单独片面强调内幕交易的特殊性及执法取证的困难性，而是更有证据规则意识和程序意识，特别是在2021年7月14日证监会颁布《证券期货违法行为行政处罚办法》，对证券期货违法行为行政处罚的程序及行政相对人的权利均作出了详细规定。

二、内幕交易刑事案件主体认定的范式

《刑法》第一百八十条第一款对内幕交易、泄露内幕信息的主体分为两种：一种是《证券法》所规定的内幕信息知情人，另一种是非法获取内幕信息的人。《内幕交易司法解释》第二条对“非法获取内幕信息的人”具体划分为三种情形，[2]司法实践中，内幕交易主体的刑事司法认定依循着“认定”和“推定”两

---

[1] 苏某鸿与中国证券监督管理委员会金融行政处罚、行政复议纠纷上诉案，(2018)京行终445号，因行政机关未能证明苏某鸿作为内幕信息第二手接受者，其内幕信息源殷某国是内幕信息知情人的言词证据一直欠缺，二审法院认为虽然有关会议记录和其他涉案人员询问笔录均显示殷某国为内幕信息知情人，但中国证监会还应当向作为直接当事人的殷某国进行调查了解，除非穷尽调查手段仍存在客观上无法调查的情况。在举证不能的情况下，二审法院判决中国证监会败诉。

[2] 《内幕交易司法解释》第二条规定：具有下列行为的人员应当认定为刑法第一百八十条第一款规定的“非法获取证券、期货交易内幕信息的人员”：

（一）利用窃取、骗取、套取、窃听、利诱、刺探或者私下交易等手段获取内幕信息的；

（二）内幕信息知情人员的近亲属或者其他与内幕信息知情人员关系密切的人员，在内幕信息敏感期内，从事或者明示、暗示他人从事，或者泄露内幕信息导致他人从事与该内幕信息有关的证券、期货交易，相关交易行为明显异常，且无正当理由或者正当信息来源的；

（三）在内幕信息敏感期内，与内幕信息知情人员联络、接触，从事或者明示、暗示他人从事，或者泄露内幕信息导致他人从事与该内幕信息有关的证券、期货交易，相关交易行为明显异常，且无正当理由或者正当信息来源的。

种范式展开。

(一)"认定"情况下,内幕交易主体的司法认定范式与行政认定相同,均是依据事实进行认定

对于《证券法》规定的法定内幕信息知情人及采取《内幕交易司法解释》第二条第(一)项规定的采用非正当手段非法获取内幕信息人员,采用的是事实认定的方式。此与行政监管的认定相同,此处不再赘述。

(二)"推定"情况下,内幕交易主体的司法认定范式比行政认定更为严苛,具有规制刑事程序启动的作用

对于《内幕交易司法解释》第二条所规定的与法定内幕信息知情人关系密切的人以及与内幕信息知情人有联络和接触的人,能否作为内幕交易行为的主体,刑事司法认定的证据规则和证明标准与行政认定有所区分。

《内幕交易司法解释》第二条第二款、第三款之规定,实质上突破了《刑事诉讼法》第五十一条公诉案件证明责任分配的规定,[1]但因刑事责任重于行政责任,刑事认定密切关系人能否成为内幕交易行为主体是较《最高人民法院关于

〔1〕《刑事诉讼法》第五十一条规定:公诉案件中被告人有罪的举证责任由人民检察院承担,自诉案件中被告人有罪的举证责任由自诉人承担。

审理证券行政处罚案件证据若干问题的座谈会纪要》第五条[1]的规定更为严苛，表现在刑事认定中，依据《内幕交易司法解释》第二条之规定，与法定内幕信息知情人关系密切的人及与内幕信息知情人有联络、接触的人，均需在认定相关交易明显异常的情况下，才能认定具有内幕交易主体身份。这点与本书主张的主体和行为应当二分法处理的观点尚欠解释，本书认为，《内幕交易司法解释》的内容是在用看似对实体要件的规定，而去约束刑事程序，也即在遇到此种行为主体时，要先看从客观行为要件入手，先予以审定相关交易是否明显异常，再看主体要件事实的证据中，是否存在有能够证明与内幕信息知情人有"密切关系"或"接触、联络"事实的证据，进而综合认定是否满足内幕交易罪所要求的主体身份要件。

同时，《内幕交易司法解释》第三条[2]对于"相关交易行为明显异常"从

---

〔1〕《最高人民法院关于审理证券行政处罚案件证据若干问题的座谈会纪要》(法〔2011〕225 号)

五、关于内幕交易行为的认定问题

会议认为，监管机构提供的证据能够证明以下情形之一，且被处罚人不能作出合理说明或者提供证据排除其存在利用内幕信息从事相关证券交易活动的，人民法院可以确认被诉处罚决定认定的内幕交易行为成立：(一)证券法第七十四条规定的证券交易内幕信息知情人，进行了与该内幕信息有关的证券交易活动；(二)证券法第七十四条规定的内幕信息知情人的配偶、父母、子女以及其他有密切关系的人，其证券交易活动与该内幕信息基本吻合；(三)因履行工作职责知悉上述内幕信息并进行了与该信息有关的证券交易活动；(四)非法获取内幕信息，并进行了与该内幕信息有关的证券交易活动；(五)内幕信息公开前与内幕信息知情人或知晓该内幕信息的人联络、接触，其证券交易活动与内幕信息高度吻合。

〔2〕《内幕交易司法解释》第三条规定：本解释第二条第二项、第三项规定的"相关交易行为明显异常"，要综合以下情形，从时间吻合程度、交易背离程度和利益关联程度等方面予以认定：

(一)开户、销户、激活资金账户或者指定交易(托管)、撤销指定交易(转托管)的时间与该内幕信息形成、变化、公开时间基本一致的；

(二)资金变化与该内幕信息形成、变化、公开时间基本一致的；

(三)买入或者卖出与内幕信息有关的证券、期货合约时间与内幕信息的形成、变化和公开时间基本一致的；

(四)买入或者卖出与内幕信息有关的证券、期货合约时间与获悉内幕信息的时间基本一致的；

(五)买入或者卖出证券、期货合约行为明显与平时交易习惯不同的；

(六)买入或者卖出证券、期货合约行为，或者集中持有证券、期货合约行为与该证券、期货公开信息反映的基本面明显背离的；

(七)账户交易资金进出与该内幕信息知情人员或者非法获取人员有关联或者利害关系的；

(八)其他交易行为明显异常情形。

时间吻合度、交易背离度、利益关联度三个方面进行了规定。质言之，刑事司法认定与法定内幕信息知情人有密切关系的人以及和内幕知情人有联络、接触的人是否满足内幕交易、泄露内幕信息的主体要件，仍是采取了推定主义，只是以犯罪构成要件审查认定的顺序来调整刑事介入的门槛。

三、内幕交易的主观要件

内幕交易的行政认定和刑事认定中，要不要主观要件的认定？主观要件的要素有哪些？内幕交易主观要件的行政认定和刑事认定有没有区别？上述问题是本节分析的重点。

（一）内幕交易案件主观要件是否是必需要件

从《刑法》第一百八十条对内幕交易、泄露内幕信息罪规定来看，内幕信息知情人和非法获取内幕信息的人，在重大信息尚未公开前，买入或卖出该证券，或者泄露该信息，或者明示、暗示他人从事上述交易活动，情节严重的，构成内幕交易、泄露内幕信息罪。[1] 从法条来看，似乎没有主观要件要求，而是行为犯，那么内幕信息知情人过失泄露内幕信息，导致他人进行内幕交易，构成泄露内幕信息罪吗？比如：

---

〔1〕 注：此处为行文方便，暂不讨论期货。

【案例】

某公司董事王五过失将本该发给内部人的尚未公开的资产并购信息转发到了微信群里，导致该信息被广泛传播，虽及时披露，但仍有很多人在公开前进行交易。王五构成泄露内幕信息罪吗？

关于本罪的主观要件内容，有不同的学说。概括起来，可以分为以下几种观点：一是认为本罪的主观方面既可以是故意，也可以是过失，[1]可称为“故意、过失说”。也有学者从严格保护证券市场秩序的需要出发，支持该观点。[2] 二是认为内幕交易罪的主观方面只能由“故意”构成，而泄露内幕信息罪的主观方面可以由“故意”和“过失”构成。[3] 三是认为本罪仅能由“故意”构成，但区分是否要求具有“为自己或他人谋取利益或减少损失的目的”要素，又分为“故意＋目的”派[4]和“故意＋无目的”派。[5] 至于泄露内幕信息罪的主观要件也只能由“故意”构成，但可以包含“放任的故意”。[6]

本书认为上述案例中王五不能构成泄露内幕信息罪。原因：一方面，虽然

---

〔1〕 参见严军兴、肖胜喜主编：《新刑法释义》，中共中央党校出版社 1997 年版，第 197 页。

〔2〕 参见梁华仁、王洪林：《析证券内幕交易罪》，载《法学杂志》2001 年第 5 期。

〔3〕 参见张军主编：《破坏金融管理秩序罪》，中国人民大学出版社 1999 年版，第 289～290 页。

〔4〕 参见玉梅：《证券内幕交易罪几个问题刍议》，载《广西政法管理干部学院学报》2000 年第 3 期；冯锦彩：《内幕交易罪的犯罪构成浅析》，载《山西科技》2008 年第 3 期。

〔5〕 参见魏东：《关于内幕交易、泄露内幕信息罪司法认定的若干问题再研究》，载赵秉志主编：《新千年刑法热点问题研究与适用》，中国检察出版社 2001 年版，第 857 页；张小宁：《证券内幕交易研究》，中国人民公安大学出版社 2011 年版，第 199 页；曹理：《证券内幕交易构成要件比较研究》，法律出版社 2016 年版，第 349 页。

〔6〕 参见高铭暄、马克昌主编：《刑法学》（第 6 版），高等教育出版社 2014 年版，第 403 页。

王五的过失行为导致了与故意行为一样的法律后果，均客观上造成了内幕信息的泄露，但是和主观故意泄露不同的是，过失泄露的先行行为引起了临时信息披露义务，如及时披露，其法律危害后果和故意泄露相比较轻。另一方面，理论上认可内幕交易是行为犯，而非结果犯，对于行为犯，其犯罪的主观方面只能由故意构成，也即行为犯无过失犯。

笔者曾在往期拙文中探讨过犯罪主观阶层三因素分析的方法，[1]认为犯罪的主观方面由认识要素、意志要素、目的要素三方面组成，具备认识因素和意志因素，则主观上为故意；具备认识因素，但不具有意志因素和目的因素，主观上为过失；不具备认识因素，则属于无刑事责任能力；三者皆具备属于有目的型故意；三者皆不具备属于意外事件。具体到内幕交易罪的主观方面应当包括对"信息具有内幕性和秘密性"的概括认识，即认识因素，以及"利用内幕信息进行交易"的意志因素，但不要求有目的因素，或者说目的因素不要求是"为谋取利益或避免损失"，还可能包括其他方面。但泄露内幕信息，是否要求有意志因素，本书认为，虽然过失泄密的行为构成过失泄露国家秘密罪，但系因法条中有明确的"过失"主观要素，从本法条的逻辑一致性和法律的体系解释上来看，具体到"泄露内幕信息罪"上不能类推扩大到过失泄露内幕信息的行为成立犯罪。

（二）行政处罚的主观要件内容

刑法与行政法所调整的法律关系及二者的立法目的、肩负职能的不同，决

[1] 参见何川：《以伪造货币罪为例谈行为无价值理论对于做好经侦工作的现实意义——兼提犯罪主观阶层三因素分析法》，载《经济犯罪侦查前沿问题研究》（第三辑），公安部经侦局内部期刊，第149～156页。

定了同为内幕交易但在行为性质认定上的构成要件不同。关于内幕交易行政处罚中是否要求主观要件以及主观要件内容，有以下不同观点：

1. 主观要件豁免说。

《行政处罚法》第二条规定："行政处罚是指行政机关依法对违反行政管理秩序的公民、法人或者其他组织，以减损权益或者增加义务的方式予以惩戒的行为。"根据该条规定，只要行政相对人实施了违反行政管理秩序的行为，原则上即应当给予行政处罚，而不应要求行政执法主体证明其具有主观过错。换言之，主观上是否有过错，并非行政处罚成立的要件之一。马怀德教授指出，从构成要件上说，行政处罚不应当过多强调主观要件。一方面，基于行政处罚在秩序维护等方面的特点，大部分行政处罚均以客观违法行为作为核心要件，无论相对人有无主观过错，只要客观上违反了行政法律规范，都应该给予行政处罚。另一方面，由于相对人的主观方面需要更多的证据加以证明，而在搜集证据过程中，如果要求行政执法机关举证证明行为人存在主观过错，有故意或者过失，这会加重行政执法机关的负担；这并不意味着行政处罚采取完全的客观归责主义，对不具备可谴责性的行为也要进行处罚，允许当事人提出反证，证明自己在主观上不存在故意或过失从而免责是可以考虑的路径。[1]

2. 主观要件必要说。

该说观点从责任主义和意志自由法哲学思想出发，认为主观要件应当是行政处罚的必要构成要件。特别是在新的《行政处罚法》修订之后该说更具法条支撑。《行政处罚法》第三十三条第二款规定："当事人有证据足以证明没有主观过错的，不予行政处罚。法律、行政法规另有规定的，从其规定"，该条被视为确立行政处罚非法定情况下，要求具有主观要件。有学者更是对该条

〔1〕 参见马怀德：《〈行政处罚法〉修改中的几个争议问题》，载《华东政法大学学报》2020年第4期。

的出台给予了具有里程碑进程意义上的积极评价，指出2021年新修订的《行政处罚法》第三十三条第二款增加规定行政处罚的主观要件，彰显了行政处罚由客观归责转向主观归责的“责任主义”价值取向。剖析“主观要件”条款的内在逻辑和适用前提，明确新修订《行政处罚法》归责体系应坚持“主观过错为主线，过错推定为补充，无过错而处罚为例外”的立场，[1]但认为过错包括过失，修法应将故意或过失作为应受行政处罚行为的必备要件。[2]

3. 主观要件推定说。

持该说观点的人认为，行政处罚应当以主观过错为构成要件，但主观过错要件可以被推定。早在1996年，时任最高人民法院行政审判庭副庭长的江必新在其文章中就指出，行政处罚的行为必须以过错为要件，也就是说，只有在行为人具有过错的情况下，才能对之施以行政处罚；不以过错作为应受行政处罚行为的构成要件，势必导致客观归责，而客观归责不得人心，不能实现行政处罚教育和预防违法行为发生的目的；行政处罚可以适用过错推定方式，并认为行政处罚的过错推定原则应当表述为：只要行为人有违反法定义务的事实存在，处罚机关就可以推定义务违反者具有过错；只有在义务违反者证明其不具有过错的情况下，才能免除其法律责任。[3]

综上，不管采取哪种学说，上述案例中王五过失泄露内幕信息的情况，仍有极大风险面临行政处罚。

内幕交易和泄露内幕信息既属于行政违法行为，也是刑法惩罚的犯罪行为，但基于行政法和刑法理论构造的不同，行政处罚和刑事犯罪认定中对主体

---

〔1〕参见喻少如、姜文：《论行政处罚的主观要件——以新修订〈行政处罚法〉第三十三条第二款为中心》，载《湖南警察学院学报》2021年第3期。

〔2〕参见张青波：《论应受行政处罚行为的主观要素》，载《法学》2020年第10期。

〔3〕参见江必新：《论应受行政处罚行为的构成要件》，载《法律适用》1996年第6期。

要件的判断存在明显差异,对主观方面的要求也各有侧重。总体来说,对内幕交易和泄露内幕信息行为,我国已经形成了行政监管和刑法规制相配合的严密的监管体系。上市公司及其工作人员、证券工作人员等证券期货市场主体要牢记敬畏市场、敬畏法治,不主动从事违规违法活动,也要了解掌握相关法律法规,必要时咨询专业律师以免误触法律红线。

第三章

Chapter 3

证券内幕交易案件中关于内幕信息认定与抗辩理由

内幕信息是内幕交易案件中兹以利用的优势,是内幕交易犯罪构成中不可或缺的构成要件要素。所以,无论是从司法认定还是从刑事辩护角度,研究“内幕信息”本体均对查清案件事实,正确适用法律具有重要意义。本书结合司法案例对内幕信息的司法认定和抗辩理由进行一些探讨。

一、内幕信息的构成要件

《刑法》对内幕信息的表述分为两方面,一是在对内幕交易的罪状叙述时,表述为“在涉及证券的发行,证券、期货交易或者其他对证券、期货交易价格有重大影响的信息尚未公开前”;二是规定内幕信息由法律和行政法规规定。

《证券法》第八十条和第八十一条规定了“重大事件”,重大事件公开之前属于内幕信息。

依据上述规定和通说的观点,内幕信息的构成要件包括两个方面:重大性和非公开性。

二、信息重大性的判断标准和抗辩理由

我国《证券法》对属于重大事件的信息采取了列举和兜底的立法方式,对于符合列举范围内的,有明确计量标准的信息,应直接视为法定重大性,如《证券法》第八十条第二款第二项规定的“公司的重大投资行为,公司在一年内购买、出售重大资产超过公司资产总额百分之三十,或者公司营业用主要资产的抵押、质押、出售或者报废一次超过该资产的百分之三十”;但仍有一些条款虽

然罗列了信息种类，却有“重大”“重要”等程度性用语，需要进行规范性评价。

（一）信息重大性的判断标准

在“重大性”的规范性评价上，理论界有三种标准，分别是：

原则合致标准（“agreement-in-principle” test），该标准认为合并磋商只有在双方已就交易价格和交易结构（price and transaction structure）达成原则上的合意，方才具有重大性（适用于交易类重大事件）。

可能性与影响程度权衡标准（“probability versus magnitude” test），该标准将事件发生可能性由高到低分为5个层次，将影响程度也由高到低分为5个程度，然后就具体事件的这两个指标进行赋分，总分超过一定分值的，则视为具有重大性。

理性投资者标准（“reasonable investor” test），该标准以理性投资者理论为基础，以具体信息对理性投资者交易决策是否产生支撑式的影响，作为判断信息是否具有重大性的依据。

综合来看，原则合致标准将导致内幕信息敏感期的缩小，虽很公正，但可能会被用来规避内幕交易，将导致司法打击的内幕交易行为都是“苍蝇”级别，而“老虎”级别的内幕交易具有了基于规则的逃逸制裁能力；理性投资者标准在适用上也存在尴尬的境地，因为据以支撑其的“有效市场理论”始终是停留在假说层面上的经济理论，在一定时期或事件上具有解释性，但不具有现实真理性，所以“理性投资者标准”也会疲于应对复杂的生活实际；当下司法实践更倾向于使用“可能性与影响程度权衡标准”去判断某一消息是否具有重大性，也有学者认为，对于一次性内幕信息可以根据复盘后股价的变动指数来判断该信息是否具有重大性，但这一理论又与禁绝内幕交易的基础理论——“信息平等”理论价值相悖——不管该信息是否具有客观上的或主观上的“重要性”，市场交易者应享有信息上的平等权或平等信息环境。所以，当下实务中，采取“可能性与影响程序权衡标准”仍是较为妥切的。

（二）信息重大性要件的抗辩理由

对于一次性信息是否具有重大性，可以从复盘后股票价格变动的客观结果未引起较大变化来对重大性进行抗辩；对于持续性事件和演化性事件信息的重大性抗辩，则应从行为人据以依据的具体信息的内容，判断是否出现了阻却因果关系的偶发事件，以理性投资者标准来进行抗辩，简单来说是进行行为因果关系抗辩。

三、非公开性的判断标准和抗辩理由

对于非公开性的判断标准有两种模式：一种是严格的形式公开标准，即规定公开的主体、渠道、方式由法律规定，其他的方式公开不视为公开；另一种是实质的公开标准，该观点认为无论信息是通过合法方式披露，还是由其他主体非法泄露；无论信息是能够被一般投资者无须任何额外付出即可很容易知悉，还是必须通过勤勉注意和观察、专业知识和能力或者付费才能获得；也无论信息公布之后是否经过一段时间的合理等待时间，只要对证券市场价格产生影响，在此种影响停止之时，即信息有效公开之时。

(一)我国非公开性的判断标准

在内幕信息的公开标准上,我国采用严格的形式公开模式。根据《内幕交易司法解释》的规定,内幕信息的公开,是指内幕信息在国务院证券、期货监督管理机构指定的报刊、网站等媒体披露。

(二)非公开性的抗辩理由

但在信息的“公开性”上是否就不具有抗辩理由了呢?笔者认为并非这样理解。除了法定的依据公开信息而交易这一抗辩理由之外,还有内幕信息本身的抗辩理由。内幕信息的非公开性和内幕信息的重大性实质上具有关联关系,即信息被非法公开后,经过一定时间的市场消化,该信息的价值已经被反映到证券价格之中,或者说通过证券价格变化可以断定该信息已被市场消化后,该信息即不具有“重大性”。此时,通过信息被非法公开后标的证券的换手率、成交量、量比、涨跌幅度等指标来判断信息已被市场接受和消化的时间点,进而在行为人具体交易行为点,来论证信息此刻本身已不满足“重大性”构成要件,进而抗辩交易的可罚性,也是一种有理有据的抗辩思路。

四、相关性是不是内幕信息的构成要件

证券市场的信息按来源分可分为三类:(1)内部信息,与证券发行人内部生产经营、资产变化、组织人事变化等相关的信息。(2)市场信息,并非来自发

行人内部，但可能导致该证券价格变动的重要信息。例如，大股东的减持或增持意向、投资机构的交易意向或计划，或者一些头部企业著名投资人拟发出要约收购等。(3)外部信息，与发行人和证券无关，因政府重大政策或公权力行使而对整个证券市场或部分证券市场供求产生影响的信息。如反垄断政策、货币政策等。关于信息是否要和具体的证券对象相关，即内幕信息是否要满足"相关性"的问题。有学者认为"相关性"应作为内幕信息的构成要件，认为不具有相关性的信息如政策信息、宏观事件不属于内幕信息。以疫情信息来说，如一些机构和人员先期知悉了疫情的情况，按照防疫操作规范预判了防疫措施将包括强制要求戴口罩，阻断飞沫传播。此时，有市场投资者趁机大额买入一些医疗设备公司和原料公司股票。此时，该疫情信息能不能被评价为对证券交易价格具有重大影响的信息？这就是"内幕信息"是否要具备相关性构成要件的价值所在。

从光大证券"乌龙指"事件杨某波诉中国证监会行政处罚二审判决书来看，[1]二审法院针对上诉人杨某波的上诉意见，将"对于本案错单交易信息是否属于《证券法》和《期货交易管理条例》所规定的内幕信息问题"作为本案的争议焦点之一，指出：《证券法》规定，证券交易活动中，涉及公司的经营、财务或者对该公司证券的市场价格有重大影响的尚未公开的信息，为内幕信息。该条第二款在列举与发行人自身相关的信息为内幕信息后，明确规定内幕信息还包括国务院证券监督管理机构认定的对证券交易价格有显著影响的其他重要信息。由此可见，内幕信息的认定必须是对证券市场价格有重大影响且尚未公开的信息，法律上并未明确限定于与发行人自身相关的信息。该案被

〔1〕杨某波与中国证券监督管理委员会其他二审行政判决书，案号：(2015)高行终字第943号，载中国裁判文书网。

视为司法实务对内幕信息与“相关性”要件的否定。该案的裁判对于二级市场交易风险具有以下警示作用:(1)即便是仅与大盘价格或板块价格相关的信息,仍存在被认定属于内幕信息的风险;(2)跨市场信息并不当然阻却内幕信息的认定,仍需要回归到该信息对交易决策是否起到支持作用来进行判定;(3)利用与交易标的证券的发行人不具有关联性的内幕信息进行交易是否会被查办,具有个案性,不能类推他案侥幸交易。在证监会的观点中,也认为《证券法》(2014 年修订)第七十五条第一款中所规定的“证券交易活动中,涉及公司的经营、财务或者对该公司证券的市场价格有重大影响的尚未公开的信息,为内幕信息”。该条中的“公司”不应被限于单数,应为复数。并认为,内幕信息应当包括具备重大性和未公开性的“交易信息”(市场信息)和“外部信息”。[1]

五、内幕信息是否要求具备准确性或完整性

内幕信息是否准确或完整也是常见的行为人抗辩点。在周某和内幕交易案中([2016]101 号《行政处罚决定书》)以及针对处罚决定周某和提起的行政诉讼[2]中,行为人周某和就提出从内幕信息知情人处获知的信息是“江泉实业和四川泰和置业集团的重组,并不涉及唯美度公司”,而审判法院认为本案所涉内幕信息为“江泉实业重大资产重组事项,具体为江泉实业与唯美度公司所进行的资产重组事项”,从在案证据来说,并没有证据证明行为人周某和知

〔1〕 中国证券监督管理委员会行政处罚委员会编:《证券期货行政处罚案例解析》(第一辑),法律出版社 2017 年版,第 21 页。

〔2〕 周某和与中国证券监督管理委员会一审行政判决书,案号:(2016)京 01 行初 1076 号,载中国裁判文书网。

悉了法院认定的“内幕信息”,行为人也进行了知悉信息不具有正确性和完整性的抗辩,但最终一审和二审法院均否定了行为人的抗辩理由,其审判逻辑:行为人知悉的信息可评价为“标的证券江泉实业公司有资产重组意向”,且信息来源于行为人的学生张某业,信息源可靠,张某业正在参与江泉实业与四川泰和置业的重组谈判(目标证券公司重组可能性极大)。由此可推导出,江泉实业重大资产重组的可能性极大。按照“可能性与影响程度权衡标准”,该信息本质上具有重大性。

但上述认定仍有一个逻辑问题尚待解释,即推导得出的不具有准确性和完整性的信息,因不具有和期限利益必然的联系,行为的因果归责如何界定的问题。即在下面推演案例中,行为是否还具有可罚性?

【推演案例】

1. 如行为人在知悉“某上市公司存在重组计划”的信息后,便进行了买入交易。但该重组谈判尚未进入实质阶段便无法继续推进。直至过了 N 个月后,该上市公司启动了另一起重组谈判,并最终达成重组。两次资产重组信息的形成及结束图示如下:

其中 AB 为第一次重组的实际动议和结束期,CD 为第二次重组的动议和公告复盘期。我们认为:

行为人在 AB 期间内,实施买入交易,该重组谈判动议及谈判破裂均未公告。该种行为是否可罚?

如认为禁止内幕交易行为的基础理论是“欺诈理论”，即认为内幕交易人利用信息优势提前交易的行为构成对目标公司其他股东的欺诈，则该情形下的内幕交易行为不具有可罚性，因为行为人提前获知的信息虽然具有信息优势，但因信息未公告，信息的价值不会体现到股价上来，行为人提前买入的行为不可能“欺诈”到其他投资者，属于客观上的不能犯。

如认为禁止内幕交易行为的基础理论是“信息平等理论”，即国家法律应当全力保障投资者具有平等获得信息的机会，方式是通过法定的公开渠道保证信息平等获得机会。此时行为人的行为构成内幕交易，姑且不论内幕交易罪是行为犯、危险犯还是结果犯的问题，行为人至少可以从两方面来进行有利抗辩：一是主张情节轻微或属于未遂情形；二是在获利计算方面，如并不知晓发行人还有其他在同步进行的重组谈判，从因果关系的角度进行抗辩，主张以B点作为计算未出售股票的浮盈浮亏的基准日。

2. 如行为人在知悉“某上市公司存在重组计划”的信息后，便进行了买入交易。但该重组谈判尚未进入实质阶段便无法继续推进。在该重组谈判进行的同时，该上市公司还同时交叉启动了另一起重组谈判，两个重组谈判有时期重合部分，后者重组谈判获得成功。两次资产重组信息的形成及结束图示如下：

此时从抗辩的角度，行为人或辩护人可尝试从交易数额的角度提出罪轻抗辩，因为认定的内幕信息是第二次的重组事件，内幕信息敏感期是CD，所以行为人可以主张对第二次重组敏感期之前的交易(AC)数额，作交易数额上的抗辩，从而主张更轻的刑事责任。

第四章

Chapter 4

内幕信息价格敏感期的认定与辩点

内幕信息敏感期的认定是内幕交易司法认定中的一个重要方面，一方面，敏感期的截止日期关系内幕信息公开时间的认定；另一方面，敏感期的起始日期关系到内幕交易行为次数和金额的确认。从辩护的角度上来说，关注内幕信息敏感期的起始时间节点，有利于从交易数量上做罪轻辩护，从而在量刑和罚金缴纳数额方面为当事人争取利益。

一、内幕信息敏感期的法律规定

《内幕交易司法解释》第五条规定了内幕信息敏感期的概念及敏感期起止时间，指出“内幕信息敏感期”是指内幕信息自形成至公开的期间。《证券法》规定的“重大事件”的政策、决定的形成时间应当认定为内幕信息的形成时间；影响内幕信息形成的动议、筹划、决策或者执行人员，其动议、筹划、决策或者执行初始时间，应当认定为内幕信息的形成之时。内幕信息的公开，是指内幕信息在国务院证券、期货监督管理机构指定的报刊、网站等媒体披露。

司法实践中，内幕信息敏感期的终点——内幕信息公开的时间大多不存在争议。但也有一些观点将《内幕交易司法解释》第五条第四款所规定的界定内幕信息敏感期终点的内幕信息公开方式（严格的要式公开）作为争议焦点，指出该点为内幕交易案件常见的争议内容。[1] 笔者对此并不认同。首先，内幕信息的公开标准问题应当纳入内幕信息本体论中进行评价，是内幕信息构成要件是否全部成就的评价内容；其次，该观点混同内幕信息本体和内幕信息

〔1〕 如上海市第一中级人民法院的《证券内幕交易犯罪案件的审理思路和裁判要点》中指出，“内幕信息公开时间的认定是否受非官方指定媒体提前传播的影响存在争议”。

敏感期概念,否定了内幕信息敏感期认定的独立价值,没有认清内幕信息敏感期对于犯罪情节认定和罪轻辩护的现实意义;再次,从认识论上讲,没有认清内幕信息和内幕信息敏感期的独立性,便也不可能认清二者之间的逻辑性和关联性;最后,司法解释作为准法律性质文件,具有强制性适用效力,司法解释既然明确了内幕信息敏感期以严格的要式公开,审判权不能对抗准立法权。

本书认为,关于内幕信息敏感期的认定,在不考虑具体内幕信息内容范畴上的差异的情况下,常见的争议点在于内幕信息敏感期的起点时间认定,原因在于重大事件的形成往往经过动议、筹划、接洽、尽职调查、拟定框架协议、双方审定协议、签订协议等诸多环节。关于上文所述"不考虑具体内幕信息内容范畴上差异"排除性条件的具体含义,本书将通过案例进行阐述。

二、实务中如何把握内幕交易敏感期的认定

本书认为,实务中应当从以下三个方面来把握内幕信息敏感期。

(一)内幕信息敏感期具有客观性也具有个体性

在周某和内幕交易案中,证监会作出的[2016]101号《行政处罚决定书》中认定该案的内幕信息是江泉实业与唯美度科技所进行的重大资产重组事项,内幕信息敏感期是2014年4月15日~9月2日。同时,一个案涉信息是在江泉实业与唯美度科技接触资产重组之前,江泉实业还在跟泰合置业进行洽谈借壳重组上市的事情,后来该谈判终止,相关信息未公告。而根据内幕信息知情人张某业和本案当事人周某和(二人是师生关系)的供述,可以印证的

是:(1)张某业不晚于2014年4月29日知悉江泉实业与唯美度科技在洽谈资产重组的事情,且张某业也参与了江泉实业和泰合置业的重组洽谈;(2)周某和于2014年4月至6月12日与张某业频繁联系;(3)2014年4月,周某和与张某业见面时,从张处了解到“江泉实业有重组预期”,并根据张某业近期总往四川南充跑就是在和泰合置业谈借壳重组上市。

本案行政诉讼中,周某和以知悉的信息不是行政机关认定的“江泉实业与唯美度科技的并购重组”,而是“江泉实业有重组预期”,其并未从张某业处知悉内幕信息来进行抗辩。后在最高人民法院提审该案时,将本案的争议焦点之一归纳为“本案所涉内幕信息为江泉实业重大资产重组事项”,将具体内幕信息进行了概念层次上的提升,进而认定了内幕信息在知情人和非法获取内幕信息之人之间的传递过程。但本案仍未妥善解决的是,如认可“江泉实业重大资产重组事项”系本案内幕信息和证监会《行政处罚决定书》中所认定的“江泉实业和唯美度重大资产重组”系本案的内幕信息内容上二者的无差异性,则本案内幕信息敏感期的认定又不能解释“江泉实业自2010年起一直寻求卖壳”的客观情况,以及如何看待2010年寻求卖壳至2014年4月15日之间的内幕信息敏感期缺失问题。

复盘本案,我们能有以下经验:(1)虽然本案在行政处罚和行政诉讼中并不存在事实认定错误,但从解释说理的角度来看,仍应吸取一定经验。即在内幕信息敏感期的认定上,不能脱离具体内幕信息,以避免出现敏感期和内幕信息错配的情况。(2)对具体的内幕信息,其敏感期具有客观性,也即具有唯一性。但因不同行为人参与该重大事项的时间先后不同,在个体上,又具有知悉内幕信息时间的先后性,这也可被理解为内幕信息敏感期的个体性。比如本案中,内幕信息敏感期的客观性表现为2014年4月15日~9月2日,而张某业知悉内幕信息的时间为不晚于2014年4月29日,这即张某业内幕交易案中敏感期的个体性。

在刑事司法实践中的一个典型情况是,在厦门市中级人民法院审理的上海祖龙内幕交易案件中,辩护人总结比较了“杭萧钢构案”“董正清案”等案件中内幕信息敏感期的认定标准后,提出“杭萧钢构案”是以“双方基本达成一致”为起点认定内幕信息敏感期起始日期,“董正青案”以“具体借壳方案确定”为起点,而本案却以2007年4月17日中介机构向陈某生提供未经双方协商确定的“再融资方案建议书”作为起点,与之前所适用标准显然不一致。

不能不说,辩护人提出该辩点的细致性及有力性。也不是否认厦门市中级人民法院该案判决的正确性。我们认为,内幕信息敏感期起始日期是应有一个客观标准的,而这个标准应当是统一的,上海祖龙内幕交易案采取的是“可能性与影响程度标准”。但是在个案中,有个出于证明必要性、完美性考虑的标准,即出于诉讼便宜目的的考虑,若几种标准均可以实现证明目的要求的情况下,选择最方便的标准进行确定内幕信息敏感期的起始日期,既具有便利性,又能实现更完美的证明,这也可称为内幕信息敏感期认定的“个案性”。

(二)不能脱离具体信息内容来谈内幕信息敏感期,在内幕信息敏感期起始时间的认定上应着重考察是否已具备“重大性”

内幕信息敏感期承载于内幕信息之上,所以,不能脱离具体内幕信息内容而谈敏感期,而内幕信息最核心的构成要件要素就是“重大性”。前文已述,对于信息是否具有重大性的判断有三种标准,分别是:(1)以相关交易是否达成原则性的交易合议来进行判断的“原则合致标准”(“agreement-in-principle” test);(2)按照事件发生的可能性与对目标证券价格影响程度来权衡的“可能性与影响程度权衡标准”(“probability versus magnitude” test);(3)具体信息对理性投资者交易决策是否产生支撑式的影响的“理性投资者标准”（“reasonable investor” test）。在实际案例中，内幕信息敏感期起点认定标准不统一，也影响了行为人对于相关交易行为合法性的判断。比如以下三个案例采取了不同的标准：

1. 原则合致标准案例：江苏省南通市人民检察院诉刘某春、陈某玲内幕交易案。[1]

2009 年 2 月上旬，为推动“十四所”借壳上市工作。时任南京市政府经信委主任的刘某春受市政府委托，介绍“十四所”与高淳县政府有关领导见面，就借助“高淳陶瓷”壳资源帮助“十四所”下属企业上市进行商谈，陪同实地考察，双方均表达了合作意向。2 月中下旬，刘某春又约双方联系人见面，指导双方磋商出台合作方案。3 月 6 日，“十四所”草拟了初稿版《合作框架》。4 月 19 日，“十四所”将双方最终商定的《合作框架意向书》送至刘某春处，刘某春在该意向书鉴证方签名并加盖南京市经委公章，后出席洽谈双方签署《合作框架意向书》的签字仪式。4 月 20 日，高淳陶瓷发布《关于公司重大事项停牌公告》，宣布公司控股股东正在筹划重大资产重组事项，自 4 月 21 日起停牌。5 月 22 日，高淳陶瓷股票复牌。

本案中，证监会认定的内幕信息敏感期为 2009 年 3 月 6 日至 4 月 20 日，而 3 月 6 日是“十四所”形成书面《合作框架》初稿的日期，可以看出，本案中，行政机关对内幕信息的形成采取的是“原则合致标准”，且没有采取 2 月上旬交易双方的口头合作意向作为内幕信息形成之日，而是以书面证据作为认定双方达成合致标准的证据。

[1] 案例来源：《中华人民共和国最高人民法院公报》2013 年第 1 期。

2. 可能性与影响程度标准案例：上海市高级人民法院：陈某红等泄露内幕信息、内幕交易案。[1]

经查：上海超日公司董事长倪某证明：2013 年开始，下属子公司九江超日和洛阳超日一直在寻找合作伙伴。2013 年 8 月，天龙光电董事长冯某等人到上海超日讨要欠款，后双方经过商量，就把将上海超日公司的闲置厂房租给天龙光电公司，用租金抵偿债务，将此事大概确定下来；上海超日、天龙光电两家公司董事长关系较好，2013 年七八月，天龙光电董事长冯某去了上海超日，经与倪某商量，确定了租赁闲置厂房抵偿债务一事。天龙光电董事长冯某的证言称，天龙光电自 2012 年起一直向上海超日追讨欠款，2013 年七八月，倪某提出以闲置厂房租赁租金抵债。2013 年 9 月左右，双方把这个事情确定下来；天龙光电关联公司华盛恒能公司执行董事季某某证明，2013 年 8 月冯某就开始考虑用上海超日的生产线扩大华盛恒能的产能，2013 年 9 月其还陪同董事长去洛阳超日考察。

二审法院认为，2013 年七八月，租赁抵债动议提出的主体为双方董事长，董事长属于公司决策的核心人物，且双方董事长关系较为密切，双方董事长共同商量的事项具有很大的实现可能性。因此，内幕信息敏感期的开始时间应是影响内幕信息形成的动议的初始时间即 2013 年 8 月。

在本案中，行政机关对于内幕信息形成时间认定的标准采取了“可能性与影响程度标准”进行判定。首先，认定“以租抵债”属于经营性重大事件；其次，作为交易主体的双方董事长对该事件具有相当的影响力，其动议、策划行为提升了该重大事件的可能性，是以将此时间节点作为内幕信息形成的时间节点。

---

〔1〕 上海市高级人民法院（2015）沪高刑终字第 140 号刑事裁定书。

3. 理性投资者标准案例：证监会河南监管局：韩某华内幕交易案。[1]

2013年9月1日，焦作万方总经理周某良要求公司董秘和财务总监研究公司利润分配方案，在利润分配方案中要有现金分红，并且至少满足上市公司再融资的最低现金分红要求；在送股方面，三人并没有形成统一意见。9月底，董事会秘书和财务总监再次就分配方案进行讨论，同意对10股派现2.5元，仍对转股和送股数量没有达成一致，周某良要求再研究。10月20日，三人形成利润分配意见一致意见。10月21日，三人向董事长蒋某刚汇报了利润分配方案。蒋某刚同意，并要求召开董事会进行表决。10月28日董事会通过该决议，次日公司发布利润分配公告。证监部门认定2013年9月1日至10月29日为内幕信息敏感期。

在该案中，首先，由于利润分配方案是单方行为，属非交易型重大事件无法适用"原则合致标准"；其次，因《公司法》规定，股份有限公司董事会由董事长召集和主持，利润分配方案需要经过董事会表决才能通过，而9月1日参与利润分配方案讨论的无董事会成员。所以，简单采取"可能性和影响程度标准"来认定内幕信息的形成，似乎要等到10月21日董事长对该利润分配方案同意后，更有说服力。但这将造成内幕信息敏感期的大幅缩短。

本案中，以"理性投资者标准"来判定内幕信息敏感期更为简便。上市公司进行利润分配说明上市公司业绩较好、有盈利，是利多的消息。投资者在得知"董秘、财务总监等在讨论利润分配方案"时，基于一般理性思维，足以支持其买入决策。所以，将2013年9月1日作为内幕信息敏感期形成之日具有合理性。

---

[1] 行政处罚决定书[2017]3号。

三、行政机关对于内幕信息敏感期的认定是否不可撼动

行政机关对于证券期货领域犯罪专业问题具有认定的资格，其法律依据来源于《四部委证券期货犯罪意见》第四条“证券监管机构可以根据司法机关办案需要，依法就案件涉及的证券期货专业问题向司法机关出具认定意见”。一般情况下，诸如内幕信息敏感期等专业问题，证券监管机构的认定会被司法机关径直采用。但从宪法意义上来讲，司法审判权独立于行政执法权，司法机关有权也有义务对于行政认定意见进行独立性审查，以确保其符合法治要求。在陈某红泄露内幕信息罪、刘某犯内幕交易案中[1]，证券监督管理机关认定的内幕信息敏感期为2013年9月5日，而一审法院审理中认定内幕信息敏感期起始日期为2013年8月，即陈某红知悉天龙光电与上海超日以租抵债的日期。被告人陈某红不服一审判决，进行上诉。二审中，被告人陈某红及辩护人依据行政调查意见认定的内幕信息敏感期的起始时间是2013年9月5日来进行抗辩行为性质，指出原判未采用中国证券监督管理委员会上海稽查的调查报告和会计师事务所的司法鉴定意见中关于内幕信息敏感期起始时间为2013年9月5日的鉴定结论，而以2013年8月作为内幕交易信息敏感期起始时间不当，终审法院认为“对于稽查局的调查报告和司法鉴定意见将内幕信息形成时间认定为2013年9月5日的结论，本院认为，司法机关对于证券违法犯罪行为具有独立判断权力，对调查报告和鉴定意见中的客观内容予以采纳并进行独立的刑事认定符合法律规定”。一方面，终审法院否定了被告人和辩

---

〔1〕 上海市高级人民法院(2015)沪高刑终第140号刑事裁定书。

护人的抗辩意见;另一方面,该案也为辩方撼动“内幕信息敏感期”的行政认定提供了案例支撑。

总体来说,内幕信息敏感期的辩点应根据客观情况是否具备,是否有部分交易行为处于控辩双方可争议的地带,来分情况讨论。如果具备一定的证据条件,紧扣内幕信息主体和“重大性”的形成节点的判断,来提出内幕信息敏感期应当向后计算的辩护观点,对减轻当事人法律后果具有积极的辩护意义。

第五章

Chapter 5

内幕交易犯罪构成的特殊要件

——因果关系与归责问题

不同于传统刑事犯罪危害结果显而易见,多数经济犯罪危害结果是非显性的,甚至是无感式的。这一情形造成了以危害后果归责出现了解释力上的不足,比如在进行内幕交易行为但亏损了的情况下,如果按危害后果归责,则在个案中难圆其说。所以,以归责为导向,紧扣行为和责任之间的刑法因果关系主线,进行探讨内幕交易案件可罚性的原理和依据,具有必要性。之所以作上述介绍,是因为内幕交易归责问题或者说内幕交易刑法因果关系判断问题不仅对我们理解《内幕交易司法解释》规定的内幕交易监管下的豁免情形的法律逻辑有重要帮助,也关系着对于相关交易行为罪与非罪判定,实质上干系公诉与辩护两方面工作。

一、“利用内幕信息”是否应当纳入内幕交易罪犯罪构成要件评价

“利用内幕信息”是否是内幕交易主观要件的认定范畴是一个有争议性的问题,这个问题可被概括为“利用与知悉之争”。不仅国内对此有不同观点,成熟资本市场法域对此也未形成一致意见。“要追究行为人的内幕交易责任,控方或原告除了要证明其知悉所拥有的信息是内幕信息外,是否还须进一步证明被告的交易行为与其所拥有的内幕信息之间具有必然因果关系(a but-for causation),或者被告实际利用(use)该内幕信息而实施交易行为?”[1]存在争议的原因很复杂。一方面,如果持“利用”要素必要说的观点,细分后,“利用”

〔1〕 William Wang and Marc Steinberg, *Insider Trading*, 3rd edition, Oxford University Press, 2010. p. 169. 转引自曹理:《证券内幕交易构成要件比较研究》,法律出版社 2016 年版,第 329 页。

因素是主观要件要素,还是行为归责意义上的刑法因果关系要件,又有不同的解释方向;如果否定“利用”要素必要说,则似乎也满足构成犯罪构成要件——内幕信息知情人或非法获取内幕信息的人,在内幕信息敏感期内,交易目标证券的罪状表述,如果没有法定出罪理由,具有刑事责任能力,则构成犯罪。另一方面,“利用”要件到底是主观的构成要件要素,还是客观的构成要件要素,还是应当纳入刑法因果关系评价范围进行评价,都没有确定的结论。

二、何处安放“利用内幕信息”这一要件

标题已经表明了本书对于“利用内幕信息”要素持必要观点,需要进一步讨论的是“利用”要素应当纳入构成要件的哪个方面,或者和构成要件是什么样的关系?

“构成要件”也称“犯罪构成”,最初形成于13世纪意大利宗教裁判,法官必须首先进行一般纠问,以查清证实犯罪事实,尔后才可以针对特定的犯罪嫌疑人进行讯问(特别纠问)。直至19世纪初,德国著名法学家费尔巴哈(P. V. Feuerbach)、斯鸠比尔(C. C. Stubei)才明确把犯罪构成作为刑法实体意义上的概念来使用。[1]

---

〔1〕 参见[日]小野清一郎:《犯罪构成要件理论》,中国人民公安大学出版社1991年版,第2页。转引自刘宪权主编:《刑法学》(上)(第3版),上海人民出版社2012年版,第78页。

(一)部分构成要件理论介绍

1. 传统四要件构成理论。

传统四要件犯罪构成理论在我国司法实务中可谓根深蒂固,原因是新中国成立之初,因缺乏立法经验,大量借鉴了苏联和东欧社会主义国家的刑事立法模式,法学教育也均在此影响之下开展。四要件犯罪构成理论认为,衡量行为是否构成犯罪,要看四个方面,包括主体方面、客体方面、主观方面、客观方面。主体是指行为人,客体是指行为所侵害的刑法所保护的法益,主观是行为人主观上的态度,客观是行为人的具体行为。

传统四要件犯罪构成理论虽然在特定历史时期对我国刑事司法活动作出过贡献,但其也存在诸多重大不足。比如,因为不能区分违法和责任,关于共犯从属的范围、刑法中的认识错误等深层次问题,四要件构成理论是无法较好解决的。

2. 德日新的犯罪构成理论。

目前,大陆法系国家的构成要件理论一个比较有影响力的构成要件理论是德日三阶层理论,陈兴良教授在2003年复旦大学出版社出版的《刑法学》教科书中对此有介绍,刘宪权教授在2012年上海人民出版社出版的《刑法学》教材中更是明确德日三阶层犯罪构成理论是当前大陆法系国家构成要件通说。[1] 该说认为,犯罪的成立必须满足三个条件:构成要件该当性(符合性)、违法性和有责性,三个条件之间是层次关系。构成要件该当性是行为符合了刑法条文中形式上的构成要件,原则上具有违法性和有责性;违法性是指是否

〔1〕 参见刘宪权主编:《刑法学》(上)(第3版),上海人民出版社2012年版,第79页。

存在诸如依法履行职务、正当防卫、紧急避险等违法阻却事由；有责性是指行为人是否有刑事责任能力，是否具有法律意义上的因果关系，行为具备处罚的条件，如是否存在罪轻不起诉的条件，审判时行为人是否死亡、注销？其理论来源于贝林格的犯罪构成理论。贝氏认为，任何犯罪成立都必须具备这样六个条件：(1)行为；(2)行为符合构成要件；(3)行为是违法的；(4)行为是有责的；(5)行为有相应处罚的规定；(6)行为具备处罚的条件。

3. 其他犯罪构成理论简介。

在对传统四要件构成理论的反思中，我国学者也形成了诸多新的犯罪构成理论，诸如陈兴良教授早期提出的“罪体—罪责—罪量”三阶层体系；张明楷教授提出的“违法—责任”二阶层犯罪构成体系；黎宏教授提出的“犯罪客观要件、犯罪主观要件”二阶层体系；周光权教授提出的“犯罪客观要件、犯罪主观要件、犯罪排除要件”三阶层体系。详见各位教授的有关专著和文章，由于本书篇幅所限，仅在传统四要件犯罪构成理论和德日新三阶层犯罪构成理论中讨论相关问题，本书不再对上述理论进行展开叙述，但上述理论在我国刑法犯罪构成理论的发展中仍具有各自独特的价值和可采性。周光权教授在其文章中有精彩概括。[1]

（二）传统四要件犯罪构成理论如何评价内幕交易之“利用”要素

传统四要件构成理论中，主体要件仅要证明行为人知悉内幕信息，客观要件要证明的内容有两方面，一方面是特定身份型和积极联系型主体，均需要证明交易行为异常来认定相关行为符合内幕交易的客观方面，从某种意义上来

〔1〕 参见周光权：《犯罪构成要件理论的论争及其长远影响》，载《政治与法律》2017 年第 3 期。

说,这也完成了对主体身份适格的证明。法定的内幕信息知情人,要证明知悉内幕信息的过程,还要证明行为人存在交易证券的行为。另一方面,要证明相关交易处于内幕信息敏感期之中。而内幕交易犯罪构成的主观方面之主观故意和客体方面之侵害的法益,往往不需要证明。所以,在传统四要件犯罪构成理论中,“利用内幕信息”不是控方的独立证明要件,而是辩方援引《内幕交易司法解释》第四条[1]规定的豁免情形而作的出罪抗辩,证明责任倒置。可以看出,在传统四要件犯罪构成理论中,“利用内幕信息”不在构成要件体系内,而是源于司法解释规定的一种抗辩要件或权利。

(三)德日新三阶层犯罪构成体系中“利用内幕信息”因素的评价

在德日新三阶层犯罪构成体系中,主体、行为、结果被认为属于构成要件该当性层级的评价范围,也即实务中按照四要件构成理论公诉方完成犯罪构成证明责任的,在三阶层犯罪构成理论中,会被认为完成了基础的、形式上的证明责任。在此情形下,推定行为人的行为具有违法性和有责性,该种推定将维持刑事侦查和诉讼活动的进行。在接下来的刑事司法活动中,公诉机关还要审查和证明行为具有违法性、行为人满足有责性的构成要件,这是因为构成要件未完成,在移送审查起诉和提起公诉两个环节,侦查机关和公诉机关均应达到的证明内容,并达到一定的证明标准。在违法性的构成要件的证明过程

---

[1] 《内幕交易司法解释》第四条规定:具有下列情形之一的,不属于刑法第一百八十条第一款规定的从事与内幕信息有关的证券、期货交易:

(一)持有或者通过协议、其他安排与他人共同持有上市公司百分之五以上股份的自然人、法人或者其他组织收购该上市公司股份的;

(二)按照事先订立的书面合同、指令、计划从事相关证券、期货交易的;

(三)依据已被他人披露的信息而交易的;

(四)交易具有其他正当理由或者正当信息来源的。

中,权力机关的工作内容之一即要听取或主动审查行为人是否符合《内幕交易司法解释》第四条所规定的豁免情形,并作出认定。通过对豁免条件的解读,不难看出,未“利用内幕信息”而进行交易是本条第(二)(三)(四)项的内容的核心要义,未利用内幕信息属于违法性的阻却事由。在确认行为人的行为不具有违法性构成要件时,则表明对相关行为犯罪构成的认定工作应当以无罪认定而告终。

综上,在传统四要件犯罪构成理论下,内幕交易罪与非罪的判定被缺乏解释性地安放在控辩对抗环节之中,虽然这也很难认定是实体问题程序化的尴尬,但在侦查机关和公诉机关偏向打击惩治犯罪的职能定位下,至少在审判以前,及时出罪的可能性被降低了。但若依据德日新三阶层犯罪构成理论,完整的犯罪构成要件则是侦查和检察机关工作环节中应当予以审视的问题,从保障人权的角度,具有更大的制度价值。

三、需要“利用内幕信息”的构成要件要素的原因

“费尔巴哈从罪刑法定原则出发,把刑法条文上的犯罪成立的要件成为犯罪构成,认为‘犯罪构成就是违法行为中所包含的各个行为的或事实的主客观要件的总和’。”[1]

具体到内幕交易罪来说,在一些法域和法庭中,有的持否定“利用内幕信息”要素必要说的观点,如澳大利亚、美国第二巡回法庭、我国台湾地区等均否定利用内幕信息是内幕交易案件的必要构成要素。但如果认为“罪与非罪”是

〔1〕 周光权:《犯罪构成要件理论的论争及其长远影响》,载《政治与法律》2017 年第 3 期。

对一个行为的评价，而不是行为内部的价值对抗，那么犯罪嫌疑人/被告人的符合法定出罪条件（包括“未利用内幕信息”）的抗辩就应当是实体内容，且应当属于控方职责范围内主动审查的内容。

在上海市第一中级人民法院审判委员会撰写的《证券内幕交易犯罪案件的审理思路和裁判观点》（2019 年 7 月 23 日）中，该院在审查内幕交易客观行为项下，审查交易行为和内幕信息之间是否存在关联性的时候，指出“如果法院综合审查确认存在异常交易的，则需让行为人说明有无正当理由或者信息来源，若不符合《解释》第 4 条规定的正当性标准，应认定交易行为与内幕信息之间存在关联性”。[1] 很明显，法官在审判时确有将“利用内幕信息”作为交易行为与内幕信息之间的因果关系进行考察，作为行为的客观方面进行查证。但略微遗憾的是，因欠缺对“利用内幕信息”构成要件必要说的体系建构，使该观点的程序价值未得到充分体现，否则，在侦查和审查起诉环节，当事人可能有撤案或不起诉机会，当事人的权益会得到更多保障。

利用内幕信息必要说的理论基础不仅仅是犯罪构成理论之于内幕交易罪中的逻辑自洽，还包括内幕交易行为的欺诈性。在美国联邦第十一巡回法院 1998 年 3 月审理的 SEC v. Adler 案中，联邦地方法院审理认为，被告的交易行为是根据已有的交易计划而作出，与内幕信息之间无因果关系，遂作出对被告有利之判决。原告 SEC 不服，向第十一巡回法庭上述。第十一巡回法庭支持了地方法院的判决，认为法律之所以禁止内幕交易，是在规制具有欺诈故意的行为，因此行为人必须根据内幕信息实施证券交易，即利用该信息才可能获得不法利益并构成欺诈。然而，原告 SEC 主张的“知悉 + 交易”标准未必能够将

---

〔1〕 上海市第一中级人民法院：《证券内幕交易犯罪案件的审理思路和裁判观点》，载 https://www.a-court.gov.cn/platformData/infoplat/pub/no1court_2802/docs/201907/d_3541004.html。

禁止内幕交易法律规制的对象限缩于欺诈行为，却可能将不具有违法意图的行为牵扯进来，从而导致规制犯罪的不当扩大。[1]

当然，如果以"披露否则戒绝交易"原则来审视该要件，则又有可能得出相反结论。即出于平等获得信息的价值考虑，内幕信息知悉人，在知悉该内幕信息后，便负有"披露否则戒绝交易"的严格义务，否则应受处罚。但该理论又牵扯：(1)内幕信息知悉人是否要是发行人内部人？(2)对于被动知悉内幕信息的人，其是否也负有披露义务？(3)在先协议权利/义务和披露否则戒绝交易义务之间的位阶关系如何界定？这些问题也都干系着"利用"要件的基础理论的选择。在证监会行政处罚委的对王某萍内幕交易案的案例解析中有明确的观点展示，针对行为人提出的自身交易具有非全仓买入且并非低价买入高价卖出，不符合内幕交易行为特点的特点，行政机关开宗明义指出"王某萍作为内幕信息知情人，在本案内幕信息敏感期内买入'斯米克'股票，已构成违法"。后又对行为人交易行为的异常性进行了判断，指出"王某萍关于其交易'斯米克'股票系不符合内幕交易行为特征的辩解，与事实和法律不符"。[2]可见，在监管工作中，至少在行政处罚案例中，"披露否则戒绝交易"义务是法定义务，具有优先性。

对于"利用内幕信息"是内幕交易罪的必要构成要件要素的观点，最高人民检察院政策研究室及证监会法律部在共同编著的《证券期货犯罪司法认定指南》中有权威意见。最高人民检察院和证监会认为，"行为人必须在事实上利用了有关证券、期货交易的内幕信息，而内幕交易、泄露内幕信息罪作为行政犯，必须以认定行政违法为前提，因此，利用内幕信息进行交易是构成内幕

〔1〕 参见曹理：《证券内幕交易构成要件比较研究》，法律出版社2016年版，第334页。

〔2〕 中国证券监督管理委员会行政处罚委员会编：《证券期货行政处罚案例解析》(第一辑)，法律出版社2017年版，第42页。

交易、泄露内幕信息罪的前提条件。如果内幕信息知情人没有利用内幕信息进行证券、期货交易,就不构成内幕交易、泄露内幕信息罪"。但二机关关于实务中如何认定存在"利用内幕信息"的情形,却欠缺实践意义上的指导性。仅仅是指出"应通过推定方式进行认定。具体地说,就是认定行为人为内幕信息知情人,且行为人在内幕信息未公开前,从事了与内幕信息相关的证券、期货交易,即可推定行为人进行了内幕交易"。最终仍陷入了"知悉 + 交易"的模式。[1]

而在司法实践层面,早在 2010 年 7 月,厦门市中级人民法院审结的上海祖龙内幕交易案中,就认可了"利用内幕信息是内幕交易罪的构成要件"的观点,并且超出了辩方从主观方面进行否定被告人"具有利用内幕信息进行交易的主观故意",判决并没有像"黄光裕案"判决那样否定"利用内幕信息"这一要件,而是在承认该要件的基础上,综合各方面的间接(环境)证据推论被告人主观上具有利用内幕信息的故意,客观上也有利用内幕信息进行交易的行为。[2] 该案中,审判机关对于通过客观证据印证主观内容的方式不仅体现了裁判的说理性,也为内幕交易罪犯罪构成证明的完整性提供了指导。

四、归责目的下"利用"要素与"知悉"要素的应当关系

如果说犯罪构成是犯罪成立要件的总和,那么归责便是目的,即在认定行为人基于什么被定性为犯罪的情况下,进一步确定行为人的责任和刑罚。内

[1] 参见最高人民检察院政策研究室、中国证券监督管理委员会法律部编著:《证券期货犯罪司法认定指南》,中国人民公安大学出版社 2009 年版,第 54 页。

[2] 参见赖朝晖:《透视内幕交易刑事司法的最新动向》,载《中国检察官》2011 年第 16 期。

幕交易案件中,否定"利用"要素必要说的观点大抵基于两种考量:一是出于管理便宜主义,二是出于行为无价值理论。对此,澳大利亚公司与市场咨询委员会的解释足以释明。该委员会认为,"要求内幕交易主观要件应当具备动机要素是无效率的,徒增控方或原告的证明困难,进而为禁止内幕交易法律的实施制造额外的严重障碍,亦与资本市场的公平原则相违背"。[1] 笔者对域外法是没有研究的,但不可否认的情况是上述观点有的是行政监管层面上的态度。究竟于刑法、于国内法,应当持一个什么态度呢?"刑罚权基础"和"刑法目的"作为手段和目的统一于刑事司法活动中。基于归责的目的和责任主义原则,我们既不能失于考察行为人"知悉"内幕信息的客观事实,又不能简单以证明责任的难以完成而忽略了推定"利用"而造成的冤假错案的可能。那么,内幕交易案件中,基于案件的特殊性(体现在证据搜集和固定方面)和法律对于认定犯罪的基本要求(主要是诉讼法关于证明责任的分配和证明标准的要求),"知悉内幕信息"和"利用内幕信息"的关系是这个项下我们着重回答的问题。

五、刑法因果关系中的归因与归责

归因与归责是因果关系理论中的两个方面。陈兴良教授较早地提出刑法因果关系应当包含事实因果关系和法律因果关系,事实因果关系判断是"归因",法律因果关系判断是"归责",归因是归责的依据,归责是归因的目的,进

---

[1] Corporations and Markets Advisory Committee (Australia), Insider Trading Report (November 2003), para. 3.8.2.

一步指出刑法因果关系要解决的是归责问题,而非归因问题。并明确指出因果关系判断不能脱离犯罪构成来讨论,介绍了德国客观归责论作为刑法因果关系新学说的创新之处,“客观归责是从动态即从可归责性的角度来考察刑法因果关系,这是它较之相当因果关系的创新之处。更为重要的是,客观归责论以禁止的危险作为归责基础,并由此展开其观点,使相当性的判断具有实体根据。在这个意义上,可以说客观归责论在一定程度上超越了社会经验法则的这种过于抽象的标准,而是结合构成要件加以判断,从而使得相当性的判断在构成要件层面上得以实现”。[1]

我国现行“知悉要件”与“利用要件”的构成模式如下:

在我国现有法律,内幕交易刑事案件中,[2]“知悉内幕信息”会被列入客观要件进行证明,有的观点认为是主观要件的证明内容,但总是需要客观证据证明之,而“利用内幕信息”可能会被列入因果关系中证明,以“知悉+异常交易”来推定存在“利用”的情况,并采用接受反驳的方式,将证明责任转给行为人,要求行为人提供完全排除因果关系的证据,进而阻却因果关系,实现出罪。这种模式在制度上兼顾效率和公正,具有优越性。但在一些极端案件中,在实务层面容易出现法律效果的差池。按照陈兴良教授观点,知悉内幕信息是交易结果的归因,结果归因是结果归责的客观基础,从逻辑上来说,知悉要件仅为利用要件的必要但不充分条件。也就是说,确实存在知悉但没有利用的情形,比如《内幕交易司法解释》第四条所规定的出罪情形。那么一个问题就是,《内幕交易司法解释》所规定的出罪情形是否全面?或者说第四条第(四)项

〔1〕 陈兴良:《本体刑法学》,商务印书馆2001年版,第293~294页。
〔2〕 注:从已出现的几例进行行政处罚但却没有刑事追责的案件中,我们可以看出行政法律和刑事法律因立法目的、保护的法益等的不同,而在内幕交易案中的构成要件和证明标准不完全相同。后节详述。

规定的"有其他正当理由或正当信息来源的"这个出罪情况还应当包括哪些方面?从辩护角度出发,又应当如何搜集证据和组织证据体系?比如假使在下面的案例中,行为人的抗辩在实务中有无出罪机会?

【虚构案例】

行为人是某上市公司员工(非《证券法》规定的内幕信息知情人),长期关注和持有公司股票,某个周末,利用闲暇时间,又研究大盘信息、市场信息、公司股价,并判定公司股价还有上涨空间,且将其观点和分析,采用微信文字交流的方式与好友分享,言明将在公司股价于A、B、C三个不同价位段时,各按不同比例,全仓买入。因周末属于非交易期,只能周一开盘时视情交易。但于周日晚上(研究结论前)的偶然机会,被动知悉了公司高管会上董事长提及某项产品研发成功。行为人仍按研究心得于开盘日后续买入公司股票,但买入步骤三步并两步,并持续持有,未减持。公司产品研发成功因属于重大经营事项,公司后续进行了公告,行为人的交易处于公告前。后该行为人因触发交易所异动监测规则,而被行政机关移交公安机关立案。

调查期间,行为人供述其确实在周日晚上被动知悉了"公司某产品研发成功"的消息。但提出以下抗辩理由:(1)其并非第一次购买公司证券,长期进行炒股,且多数购买本公司股票;(2)其交易公司股票有买有卖,非单向交易习惯;(3)其交易账户资金来源于自有资金,没有借贷加杠杆;(4)其交易决策来源于周六的研究,并提供了其和好友微信聊天记录和据以研究的网络资料,以证明其交易决策的独立性和正当性。行为人的辩解理由,特别是没有立即全仓、没有杠杆、没有超出以往交易标的等交易行为非异常性的抗辩，显然足够对交易行为异常性的判断发起足够力度的挑战。

问题是此种情况下，交易行为处于内幕信息敏感期内是偶然事件，还是具有刑法上的偶然因果关系——质言之，行为人是否存在"利用内幕信息"的情况，交易的结果是否应当归责于内幕交易行为，而具有可罚性？行为人已经完成了基本的对"利用"要素的反驳的证明责任，但一切的关键似乎归于对"利用"要素的认定，以及对于《内幕交易司法解释》第四条第（四）项情况下的证明责任的固化分配还是要动态把握，这在实务中又凝结于司法人员是否卸责以及辩护人知识水平和证据运用能力的问题，甚至还包括诉辩双方能否充分及时沟通，推动争议问题提前归纳，以实现无罪者提前排除嫌疑、终结刑事程序的问题。

第六章

Chapter 6

常见的内幕交易行为样态及行为结果归责问题

根据法律规定,内幕交易的行为样态包括“买入或者卖出该证券,或者从事与该内幕信息有关的期货交易,或者泄露该信息,或者明示、暗示他人从事上述交易活动”,〔1〕有学者将之归纳为三种类型:自己实施内幕交易行为、泄露内幕信息行为和建议他人实施内幕交易行为。〔2〕

一、自己实施内幕交易行为的结果归责问题

(一)使用他人账户炒股的归责问题

广义上使用他人账户炒股包括两种类型,一是使用他人账户为自己炒股,即“借名炒股”,该种情况下从公诉方和监管方角度来说,实际上是“控制账户认定”问题,即如何认定他人账户系被行为人实际控制。从公布的裁判文书和处罚决定书来看,监管机关和司法机关大多从以下方面予以综合认定:(1)证人证言和行为人的供述和辩解;(2)登录端设备的 MAC 地址或手机串号与扣押的行为人自有设备或行为人曾登录自己账号的设备之间是否一致;(3)账户相关信息的认定与反向证明,包括交易时登录的 IP 地址与行为人自有账户登录 IP 交叉与否、账户开户信息是否存在重合、账户的使用轨迹与涉案主体的出行轨迹吻合度;(4)结合行为人和账户名义所有人的地理位置进行确认或排除;(5)结合资金来源和去向进行判定利益归属来进行确认;(6)账户操作者之间的身份关系和通联情况。

---

〔1〕《最高人民检察院、公安部关于公安机关管辖的刑事案件立案追诉标准的规定(二)》(公通字〔2022〕12 号)第三十条。

〔2〕参见曹理:《证券内幕交易构成要件比较研究》,法律出版社 2016 年版,第 254 页。

借名炒股的普遍存在，使得当前证券市场实际参与者身份识别越来越困难，无疑给行政监管和司法追责增加了工作难度。当前司法活动中，基于直接证据和间接证据构建起来的证明体系和方法已足够成熟。刑事司法中针对行为人抗辩而进行的排除合理怀疑标准虽然较行政处罚中的优势证明标准严格，但若行为人在责任抗辩上缺少客观证据证明，案涉账户的交易结果将会归于行为人责任。抗辩能否有效的关键在于是否存在客观证据与控方欲意证明的账户控制关系存在事实上或逻辑上的矛盾，这些证据多为电子数据和轨迹信息。

广义“借名炒股”的另一个情形是“代客炒股”，是职业或非职业投资人因受托关系而操作他人证券交易账户交易利益和风险归于账户所有人，实施交易人采取分成或固定收取佣金的方式进行牟利或无偿代炒股的行为。由于我国内幕交易犯罪构成要件中不包括有自我牟利要素，所以，是否存在利用内幕交易而获利或避免损失不是构成要件要素，而只是量刑情节要考虑的内容。在非共同犯罪的情况下，其归责原则是法律后果和违法所得的二分法，即利用内幕信息交易的人承担法律责任和罚金，其不法收入应被没收；而未参与内幕交易之人，仅承担因他人犯罪而获利的退赃义务，不承担刑事责任和罚金。

（二）非法利用他人账户从事证券交易与内幕交易部分竞合下的结果归责问题

市场交易活动中，存在大量的为操纵市场、内幕交易、利用未公开信息交易、超比例增减持、从业人员违规买卖股票等目的，而利用他人证券账户进行交易的行为，直接影响上市公司信息披露、投资者适当性管理、异常交易监测等制度实施效能，增加了行政监管的难度。为便宜监管，2019 年《证券法》修正时，对原第八十条禁止法人非法利用他人账户进行证券交易的范围作了进一步扩张，新法第五十八条规定，“任何单位和个人不得违反规定，出借自己的证券账户或者借用他人的证券账户从事证券交易”。

利用他人账户从事证券交易的过程中进行了内幕交易的归责原则分为两种情况：一种是为了躲避监管发现而借用他人账户实施内幕交易，该种情况下属于手段和目的的竞合，遵循着法理上“一事不二罚”的原则，仅对目的行为内幕交易行为追究法律责任；另一种是基于规避交易身份等原因，行为人一直借用他人证券账户进行炒股，在此期间有部分交易系利用内幕信息进行的内幕交易。此种情况下的行为结果归责采取的方式是“将内幕交易部分单独认定为内幕交易作出处罚，将剩余部分认定为完整的一段非法利用他人账户交易证券作出处罚”，〔1〕由于内幕交易行为情节严重的构成刑事犯罪，而非法利用他人账户买卖证券的行为仅属于行政违法，所以可能会出现既要承担内幕交易行政处罚责任，又要承担内幕交易承担刑事责任，〔2〕同时还要面临非法利用他人账户买卖证券行政处罚的责任。在此种情况下，如果行为人经济能力受限的情况下，可以选择优先缴纳内幕交易罪刑事判决罚金，因生效判决中财产性判项的履行情况是减刑、假释的综合考察范畴之一。〔3〕 在经济条件允许的情况下，及时缴纳行政违法行为罚金是认罪悔罪的态度表现，同时，内幕交

---

〔1〕 中国证券监督管理委员会行政处罚委员会编：《证券期货行政处罚案例解析》（第二辑），法律出版社 2019 年版，第 43 页。

〔2〕 注：因不同部门法具有不同的立法目的和保护客体，所以符合刑事立案追诉标准的内幕交易行为，承担行政处罚后不能免予刑事责任，如近期的刘某旺内幕交易案（中国证监会行政处罚决定书[2019]99 号）在受到行政处罚后，又被追究刑事责任，并被最高人民法院指定给上海市第三中级人民法院审理[《指定管辖决定书》（2021）最高法刑辖 8 号]。

〔3〕 注：《最高人民法院关于办理减刑、假释案件具体应用法律的规定》（法释〔2016〕23 号）第二条规定：对于罪犯符合《刑法》第七十八条第一款规定“可以减刑”条件的案件，在办理时应当综合考察罪犯犯罪的性质和具体情节、社会危害程度、原判刑罚及生效裁判中财产性判项的履行情况、交付执行后的一贯表现等因素。

易行政处罚的罚金会在刑事判决中予以冲抵,不影响刑事判决财产刑执行情况的评价。

(三)行为人利用个人掌握的内幕信息并利用公司账户进行交易的行为,结果能否归责于公司

基于内幕交易利益的归属,利用公司账户进行交易可分为两种情况,一种情况是交易利益归于公司,如在赵某内幕交易案(中国证券监督管理委员会广东监管局行政处罚决定书〔2014〕6 号)中,在内幕信息敏感期内,赵某利用所控制的北京尚德大成国际广告有限公司证券账户进行买入目标公司证券,但调查机关查证,北京尚德大成公司是空壳公司,无实际经营,而且股东权利归于赵某个人,故其交易行为的法律责任归于自然人赵某。另一种情况多为出于完成业绩、考核奖金、突出交易成绩等动机,行为人法律意识淡薄的情况下,"有权代表或代理单位进行证券交易的工作人员为了单位利益而实施的内幕交易行为,并且单位对该内幕交易行为的发生存在监督管理方面的过失"。如"基金公司的基金经理或者专户理财交易员在通过个人渠道打探到内幕消息后,在管理的账户上买卖了相关股票"〔1〕,该种情况下,虽然交易的账户系单位账户,交易的利益也归于单位,但因单位欠缺对基金经理所进行的交易以资利用的信息是内幕信息的主观认识,基金经理交易行为的法律后果不能及于单位,但单位在获利范围内具有退赃责任,而行政罚款和刑事判决罚金则由具体实施交易的人员承担。

〔1〕 张子学:《浅析单位内幕交易违法的认定与处罚》,载《证券市场导报》2011 年第 7 期。

二、泄露内幕信息情况下的结果归责问题

(一)过失泄露内幕信息要不要承担责任

该问题本质上是泄露内幕信息罪的主观要件是否包括过失？对此，理论界也存有争议。持肯定说的观点认为过失可以作为泄露内幕信息的主观要件，[1]持否定说的观点认为，《刑法》第十五条第二款明文规定，过失犯罪，法律有规定的才负刑事责任。过失泄露内幕信息不构成犯罪。[2]

本书也赞同否定说的观点，原则上认为过失泄露内幕信息的，不构成犯罪，但从事后的法律风险防范方面，应有一定的条件限制，过失泄密人应及时采取补救措施，以实现固定主观过失要件，杜绝或降低过失行为带来的危害风险提升的可能性。过失泄密人在发现过失泄露内幕信息后，可根据具体的内幕信息是否适宜披露，视情采取以下措施：(1)如信息可撤回情况下，及时撤回相关信息，减少信息传播面；(2)及时告知相关人员上述信息属于《证券法》规定的重大信息范畴，信息获领人具有保密和戒绝交易义务，并及时固定信息传播范围内的可能知情人范围，按照内幕信息知情人的登记范围予以登记上报；(3)若相关信息具有公告的条件，及时向发行人告知，并建议按照临时信息披

---

〔1〕参见梁华仁、王洪林：《析证券内幕交易罪》，载《法学杂志》2001年第5期；周道鸾等主编：《刑法的修改与适用》，人民法院出版社1997年版，第397页；张军主编：《破坏金融管理秩序罪》，中国人民大学出版社1999年版，第289页。

〔2〕参见张小宁、解永照：《论证券内幕交易罪中的主观要件》，载《太原理工大学学报(社会科学版)》2011年第2期；玉梅：《证券内幕交易罪几个问题刍议》，载《广西政法管理干部学院学报》2000年第3期；魏东：《关于内幕交易、泄露内幕信息罪司法认定的若干问题再研究》，载赵秉志主编：《新千年刑法热点问题研究与适用》，中国检察出版社2001年版。

露的要求,及时发布公告;(4)其他可以证明主观过失和采取相关挽救措施的动作。

在谢某琴、吴某内幕交易案中,[1]谢某琴系时任杭萧钢构总裁周某之妻,吴某前妻樊某的朋友。2007 年 1 月底,周某接手负责杭萧钢构"安哥拉公房住宅项目",2 月 3 日至 8 日,周某先后至南宁、深圳、香港等地洽谈该项目。谈判期间,周某曾告诉谢某琴正在和香港谈一个大项目,如果这个合同做成,他就可以轻松一点了。周某在谢某琴询问杭萧钢构公司情况时,让谢某琴不要管这些,同时反对谢某琴买卖股票,更反对买卖本公司股票。后谢某琴在和樊某聊天时,透露周某在代表杭萧钢构谈一个合同,而且出去这么长时间,一定很重要,且与香港有关;如果合同谈下,杭萧钢构接下来几年日子就蛮好过了,而且公司会有利润,股票价格可能上涨,并询问我们是否去买点(指买杭萧钢构股票),赚点钱。后樊某将信息告诉吴某。吴某追问消息来源,樊某告知是谢某琴告知的,谢某琴的丈夫在杭萧钢构工作,因此认为信息可靠度高,开始关注杭萧钢构股票。2007 年 2 月 9 日周某回到杭州后,谢某琴与周某一同吃早饭时了解到杭萧结构洽谈上述重大合同的人,包括董事长单某全部回来了,进一步确信这是个利好消息,并准备开户买入股票。(交易部分略)

本案中,没有追究周某泄露内幕信息责任,推其原因,不是在于客观上周某所泄露的信息不构成内幕信息(因其本身是本案的内幕信息源),而是在于周某泄露行为的主观方面为过失,从信息内容的完整性、确定性上判断,周某没有泄露内幕信息的故意;从行为目的来判断,周某是为了给配偶交代出行计划和原因,而非要谈及内幕信息;从事后行为来看,周末在察觉相关信息敏感后,及时要求谢某不要炒股,更禁止其购买本公司股票。

---

〔1〕 参见《中国证监会行政处罚决定书(吴某、谢某琴)》([2013]72 号)。

从上述案例可知,由于故意和过失是主观心态,均需要从客观证据中予以推论和印证,为避免一些过失泄露内幕信息被认定为伪装了的故意泄露内幕信息,行为人在过失泄露内幕信息后,要及时采取系列动作,以便在监管调查和司法认定中予以责任抗辩。

在证监会的历史处罚案件中,笔者还发现一个值得研究的“反例”——《中国证监会行政处罚决定书(肖某守、朱某丽、周某丹、肖某健)》(〔2012〕24号),当事人肖某守和朱某丽是夫妻关系,肖某守是内幕信息知情人,监管部门认定朱某丽相关交易处于内幕信息敏感期内,构成内幕交易,内幕信息来源于配偶。监管机构认为,“从肖某守作为重组方董事长,投资5.62亿元重组宁夏恒力,以及朱某丽交易的数额和行为特征来看,肖某守不存在故意泄露内幕信息或者与朱某丽合谋进行内幕交易的经济动机,调查中也未发现其故意让妻子实施内幕交易的证据。事后在8月24日的关键时点让妻子终止交易宁夏恒力股票,表明肖某守无泄露的主观故意。但是从其身份、职责来看,肖某守作为重组收购的核心负责人员且为上市公司重组方董事长,应当注意到重大重组对证券投资者有重大影响,在法律上负有高度谨慎的保密义务。但他未尽到保密义务,在重组过程中不谨慎以致泄露相关内幕信息给配偶朱某丽,属于重大过失行为,依照《中华人民共和国行政处罚法》的规定应当给予处罚”。

本案中,一个情节是“在肖某守要求下,朱某丽在公告前全部卖出股票行为以及将所获利益上交上市公司”,也可以证明其泄露行为的主观态度并非故意,监管机构明确以存在“重大过失”而对内幕信息知情人的泄露行为进行行政处罚,可以看出在泄露内幕交易罪上行政认定和刑事认定的构成要件不尽相同,但内幕交易、泄露内幕信息作为行政犯,应满足情节严重的违法行为构成犯罪的法理逻辑,通俗比喻,二者应是“斤两上的差异”,而非“成色上的差异”,本案中行为定性构成要件的不同欠缺解释性。

(二)泄露内幕信息能否适用推定

要回答这个问题,首先要弄懂"推定"。"对推定界定不清和运用不当是目前证据法研究中十分突出的问题。"[1]笔者认为一个较为妥切的概念是《布莱克法律词典》中关于此的定义,"推定是一个立法或司法上的法律规则,是一种根据既定事实得出推定事实的法律规则,推定是在缺乏其他证明方法时所使用的一种根据已知证据作出确定性推断的一种法律设计。推定是依法从已知事实或诉讼中确定的事实出发所作出的假定"。[2] 可以看出,"推定"作为法律拟定的对于特定待证事实的法律认定规则,其适用具有法定性、条件性,也要满足内在逻辑。虽然《最高人民法院关于审理证券行政处罚案件证据若干问题的座谈会纪要》及《内幕交易司法解释》均规定了内幕交易推定的适用情形,对"行为人在内幕信息敏感期内的交易是因知悉内幕信息并利用内幕信息而实施的"这一待证事项允许推定证明给出了法律依据,并设定了证明成立的条件。但在泄露内幕信息的事实认定上,因适用推定有违逻辑法则——在泄密人 A 不自认的情况下,因为内幕信息源不止一个,纵然内幕交易人(受密者)供述内幕信息来源于内幕信息源 A 的泄露,但若无客观证据,既不能排除内幕交易人出于保护真正泄密人的原因而故意供述错误泄密人,也不能从逻辑上验证对内幕交易本身适用推定进行认定的必然无误,所以,对于泄露内幕信息罪"泄露"行为不能适用推定规则进行认定。

---

[1] 龙宗智:《推定的界限及适用》,载《法学研究》2008 年第 1 期。

[2] Henry Campbell Black, M. A. Black's Law Dictionary, 6th Edition, St. Paul, Minn, West Publishing Co. , 1990.

(三)如何理解"泄密—受密型"内幕交易行为与泄露内幕信息之间处罚数量不对等的现象

朴素地理解,非法获取内幕信息的人进行内幕交易,则必然有泄露内幕信息之行为,二者之间的处罚应当数量相当。"但是,在不少'泄密—受密型'案件中,证监会对泄密人没有追究",[1]如何理解采用推定方式认定的内幕交易行为与泄露内幕信息之间处罚数量不对等的逻辑?

其一是如上文所述的过失泄密的情形。类似的案件,还有陈某芳内幕交易案,[2]陆某良、金某内幕交易案,[3]都因信息源对于内幕信息泄露行为欠缺主观故意要件,而未予以处罚过失泄密人。

其二是"禁止二次推定"证据规则限定。推定的适用是以法律规定为大前提,以符合法律规定客观证据的满足为小前提,推导出待证法律事实的成立。二次推定是在一次推定的基础上再次推定,且不说缺少再次推定的大前提——法律规定,就是所依据的小前提——首次推定之结论,也只是法律事实,而不是客观事实。所以,在"禁止二次推定"证据规则的约束下,客观证据不能证明的泄露内幕信息行为无法被追究法律责任。

---

[1] 吕成龙:《内幕交易的"源头规制":动因、经验与路径》,载《证券市场导报》2020年第9期。

[2] 《中国证监会行政处罚决定书(陈某芳)》([2014]37号),陈某某和陈某芳为亲兄妹,陈某芳多次通过陈某某的业务通话听到有关宝龙公司的事项。

[3] 《中国证监会处罚决定书(陆某良、金某)》([2014]39号),陆某良与陈某荣办公位置实拍照片显示,两人办公室座位相距不到1米,从陆某良的位置能很方便看到陈某荣电脑屏幕;两人共用一台固定电话,电话机放在两人中间。

三、建议他人实施内幕交易行为的结果归责问题

经学者统计,对“以明示或暗示的方式向他人泄露内幕信息”的处罚占全部内幕交易、泄露内幕信息行政处罚总比例约为6%,同时,也认为“明示、暗示他人从事上述交易活动”属于泄露内幕信息的行为,[1]但也有观点认为因前文规定的泄露行为可以包含手段上的差异,“明示、暗示他人从事上述交易活动”本质上是“建议交易”,因“建议交易”缺乏对应罪名,只能以教唆犯理论纳入内幕交易罪名下予以归责。这两种方法都具有解释性,但在归责上有不同差异。

(一)将“明示、暗示他人从事上述交易活动”认定为内幕交易行为的教唆犯和泄露内幕信息行为的正犯的不同辩护意义

将“明示、暗示他人从事上述交易活动”作为内幕交易的教唆犯,和将其作为泄露内幕信息的正犯,在辩护角度具有不同的意义。一方面,以教唆犯方式来进行辩护有罪轻辩护的机会。所谓教唆犯,是指以劝说、利诱、授意、怂恿、收买、威胁等方法,将自己的犯罪意图灌输给本来没有犯罪意图的人,致使其按教唆人的犯罪意图实施犯罪,教唆人即构成教唆犯罪。相较于具体实施犯罪行为的人来说,教唆犯和正犯成立共同犯罪,根据《刑法》的规定,对于教唆犯,应当按照他在共同犯罪中所起的作用处罚。这时可根据建议他人交易的

[1] 参见吕成龙:《内幕交易的“源头规制”:动因、经验与路径》,载《证券市场导报》2020年第9期。

人和具体交易人之间有无约定分成、建议的方式、建议内容对于行为人交易决策的影响等方面综合分析，若建议交易之人在共同犯罪中的作用较轻，则可整体上进行罪轻辩护。另一方面，特定情况下，以教唆犯来进行抗辩，又具有不利性。根据《最高人民检察院、公安部关于公安机关管辖的刑事案件立案追诉标准的规定(二)》的规定，内幕交易或泄露内幕信息导致他人从事证券内幕交易的，获利或者避免损失数额在50万元以上，或者证券交易成交额在200万元以上的才进行立案追诉，也就是说，对于交易行为来说，如果没有交易，就没有刑事责任。但是根据《刑法》，如果被教唆的人没有犯被教唆的罪，对于教唆犯，可以从轻或者减轻处罚。也就是说，如果教唆他人进行大额内幕交易，被教唆人没有实施交易行为，但此种情况下，教唆行为只是应当从轻或减轻处罚，而不是没有刑事责任。此时，如果是作为泄露内幕信息的行为进行认定，那么泄露行为没有产生实质交易，则不会因此而承担刑事责任。唯一要注意的是，建议对象是否达到三人以上，在被建议人没有进行内幕交易或者交易数额未达到200万元或获利达50万元时，单纯明示或暗示三人以上从事内幕交易也可独立构成犯罪。

(二)“泄露—建议”复合型行为的归责问题

在“明示、暗示他人从事上述交易”的情况下，单纯的明示、暗示行为比例较低，大部分的明示、暗示行为中都伴随着理由解释，存在泄露内幕信息的行为，也即系复合型行为。此种情况下如何归责，不仅是司法认定问题，也是辩护策略问题。

1. 在“泄露—建议”行为人和“内幕交易”行为人之间存在利润分配的情况下，依据共同犯罪理论，可能被认定为内幕交易的共犯，此处的可能性归于利润分配的依据是否有可解释性,比如资金提供方基于合伙炒股的风险和收益分配。如果存在无正当理由解释利润分配的合理性,且“泄露—建议”行为人知悉内幕信息,并且和具体内幕交易人存在异常联系的情况下,此时“泄露—建议”行为人和内幕交易人极有可能被认定为共犯。

2. 如“泄露—建议”行为人和“内幕交易”行为人之间存在法定的或事实上的利益共同的情况下,即便未进行内幕交易利益的约定和分割,也有可能基于利益上共同,视为具有为自己牟利的意思,而将内幕交易行为的结果责任及于“泄露—建议”行为人,注意此处的结果归责并非基于有足够事实证据达到“证据确实、充分,排除合理怀疑”证明标准下的认定“泄露—建议”行为,而是基于利益混同情况下,将密切关系人实施的内幕交易行为的法律责任及于内幕信息知情人,又以“内幕信息知情人 + 异常交易”推定模式而作出的司法认定,视为内幕交易共犯。

3. 如“泄露—建议”行为人和“内幕交易”行为人之间不存在利益混同,也不存在利益分配,此种情况下,将“泄露—建议”行为归责于“泄露”行为的一种,具有较大的辩护空间。基于禁止“二次推定”的证据规则,在直接证据和客观证据未形成证据锁链,证明“泄露—建议”行为的证据未达到“确实、充分”的情况下,鉴于内幕信息知情人的多样性,因无法排除其他内幕信息源同样具有泄密可能性的合理怀疑,这样当事人便可以成功利用不同行为下的证明责任分配和证明标准进行辩护,为自己争取更大辩护空间。

第七章

Chapter 7

司法案例中泄露内幕信息、内幕交易罪的抗辩理由归纳及司法观点

截至2022年10月,北大法宝数据库中检索到的“内幕交易、泄露内幕信息罪”案由项下的裁判文书共有191份,去掉指定管辖决定书、未公布具体内容的判决文书、减刑、假释、发回重审等裁定书,具有实体意义的判决书及裁定书共有139份。笔者结合上述裁判文书中被告人所提的辩解理由及辩护人辩护观点,对司法审查说理、个案观点予以了系统梳理归纳。采取按共同点进行归纳的方式必然导致个案的宏观辩护未能完全展现,不代表笔者对相关案件的辩护策略的主观取舍,仅为便于大家按需查询参考相关案例。虽然我国非判例法国家,生效裁判案例不具有强制指导作用,但在类案检索制度的要求下,[1]类案具有指导或参考适用的价值,所以,较为体系化归纳案例中当事人及辩护人所提出的抗辩事由,总结抗辩效力、司法审查规则或司法观点,从控辩两方面的工作来说,都具有很高的实务价值。同时,为突出本书辩护实务特点,本章按照通用、主体、内幕信息、敏感期、交易行为、因果关系、违法所得几个方面来论述内幕交易、泄露内幕信息案件中所涉及的辩护点。

一、内幕交易类犯罪刑事案件通用辩点及司法观点

刑事案件通用辩点是指若具有相关客观情节,能够普遍适用到各种罪名的辩点,主要包括主观恶意小、共犯次要作用、初犯、偶犯、自首、坦白、立功、退赃、认罪认罚、受害人谅解等量刑情节,以及无社会危险性和再犯可能性,现实表现证明等服务于非监禁刑辩护的辩点。

[1] 注:最高人民法院于2020年7月15日印发《关于统一法律适用加强类案检索的指导意见(试行)》的通知,对检索到的类案的适用作出了明确规定。

(一)行为人具有自首或立功情节的,一般从轻或减轻处罚

根据《刑法》规定,有自首、立功情形的,可以从轻、减轻处罚。有同行统计了近10年内幕交易类案件被追究的107名被告人中,主动投案自首的有40人,自首比例约占四成,[1]刑事案件中如此高的自首比例可能归于两点:一是证券领域犯罪行政监管在前的特点,行为人因先接受行政调查乃至行政处罚后,才会被"总对总"移交至公安部门,事先的行政调查和行政处罚在查明案情的基础上,给了行为人清醒认识行为性质和法律后果的时间,在客观上留有自首时间的同时,也增强了行为人自首的主动性;二是监管技术的提高和数据维度的丰富,使得内幕交易识别工作能力不断提升。[2] 实际从事内幕交易行为的人在面对相关证据时,认罪认罚的情况比较普遍,增加了主动归案的驱动力。

1.认定自首须审查自首的构成要件是否全部满足。

根据法律规定,自首情节包括两个构成要件,一是到案的主动性,二是供述的彻底性。只有在两个构成要件均满足的情况下才构成自首。

在到案的主动性要件审查方面,在吴某斌内幕交易案中,[3]被告人吴某斌以其具有向单位投案的情节主张法院应当认定其自首,但审判法院认为从探求立法本意的角度,结合其他视为自动投案的情形以及文件起草者发布的理解和适用,规定自首的构成要件要具有"投案的主动性和自愿性"之目的是

---

〔1〕 梁延昊、李宇馨:《专题一:内幕交易罪司法处置与辩护情况实证分析(上)——以近10年裁判文书为样本》,载"东卫刑辩"微信公众号。

〔2〕 参见《证监会严厉打击操纵市场、内幕交易等证券违法活动》,"依托交易所大数据监控技术,加强异常交易账户信息、违法线索综合分析研判,提升全链条打击的精准度",载证监会官网。

〔3〕 参见北京市第二中级人民法院(2019)京02刑初157号刑事判决书。

鼓励被告人采用多种形式自愿归案后等待法律制裁。“吴某斌虽能在犯罪后向单位负责人交代犯罪事实,但其紧接着以接受单位内部处理的形式规避法律制裁,并在后续证监会调查时否认犯罪事实,直至被侦查机关查获归案。吴某斌向单位负责人交代犯罪事实与案件侦破、归案结果之间均毫无关联,缺乏投案的主动性和接受法律制裁的自愿性,不应视为主动投案,也不符合自首法定要件。”

在供述的彻底性的审查方面,在郭某内幕交易、泄露内幕信息案中,[1]郭某以本人具有自首情节和立功情节,在量刑辩护上主张减轻处罚并适用缓刑。但法院认为,2017 年 6 月 14 日,被告人郭某经公安机关电话通知后到案,但到案之初并未如实供述本案的主要事实,依法不认定为自首。

2. 具有立功表现的,法院多数认可减轻处罚的量刑建议或辩护意见。

虽然法律规定,具有立功表现是可以从轻、减轻处罚,在内幕交易案件中,可能出于犯罪非暴力性的考虑,对于具有立功表现的被告人,多数都是给予减轻处罚的量刑。内幕交易类案件的立功多为通过电话、书信等方式协助规劝同案犯到案自首。

如在陈某泉、庄某莲内幕交易案中,[2]被告人陈某泉系某上市公司董事长,在内幕信息的价格敏感期内,指使他人使用林某等 8 个证券账户,累计买入“松芝股份”股票 467 万余股,交易金额 6481 万余元,并于复牌后全部抛售,非法获利 1466 万余元。陈某泉的行为属于情节特别严重情节,但其接到公安机关电话通知后主动到案,且到案后彻底交代案件事实,并写信规劝其配偶庄某莲投案自首,后庄某莲主动投案自首。检察机关认定陈某泉犯内幕交易罪,

〔1〕 参见上海市第二中级人民法院(2018)沪 02 刑初 29 号刑事判决书。
〔2〕 参见上海市第一中级人民法院(2017)沪 01 刑初 121 号刑事判决书。

虽属情节特别严重，但其有自首、立功、认罪认罚、退赃及预缴罚金等情节，建议对其判处三年以下有期徒刑，并适用缓刑。后法院采纳了该量刑建议。

（二）认罪认罚、坦白、退赃、已接受行政处罚、预缴罚金等均属于从轻量刑情节

《刑法》第七十二条关于缓刑适用条件中，刚性的刑期条件是“被判处拘役、三年以下有期徒刑”，而《刑法》第一百八十条规定，内幕交易、泄露内幕信息，情节严重的，处五年以下有期徒刑或者拘役，并处或者单处违法所得一倍以上五倍以下罚金；情节特别严重的，处五年以上十年以下有期徒刑，并处违法所得一倍以上五倍以下罚金。

根据《最高人民法院、最高人民检察院关于常见犯罪的量刑指导意见（试行）》（法发〔2021〕21 号）的规定，“（十四）对于被告人认罪认罚的，综合考虑犯罪的性质、罪行的轻重、认罪认罚的阶段、程度、价值、悔罪表现等情况，可以减少基准刑的 30% 以下；具有自首、重大坦白、退赃退赔、赔偿谅解、刑事和解等情节的，可以减少基准刑的 60% 以下，犯罪较轻的，可以减少基准刑的 60% 以上或者依法免除处罚。认罪认罚与自首、坦白、当庭自愿认罪、退赃退赔、赔偿谅解、刑事和解、羁押期间表现好等量刑情节不作重复评价”。

实务中，情节特别严重的内幕交易类案件，有没有适用缓刑的可能？此种情况下，辩护人如何进行量刑辩护？有何空间？经案例研究，我们认为，犯内幕交易罪，如有减轻处罚情节，在基础刑的量刑情节内，适用缓刑概率较大；在升格刑的量刑情节内，仍有减轻处罚的可能。即便在内幕交易情节特别严重的情况下，如有认罪认罚、坦白、退赃、缴纳罚款等情节，仍有因较大的减少基准刑，而达到缓刑的刚性刑期要求，具有适用缓刑的可能。

如在陈某红泄露内幕信息、刘某内幕交易案[1]中，一审中，刘某从陈某红处获知内幕信息后，指示交易员利用所控制的账户交易目标公司股票，共计购入天龙光电 319 万余股，总成交金额为 2336 万余元，获利 139 万余元，属于犯罪情节特别严重情形。一审及二审法院认定，刘某具有坦白情节，且积极退缴违法所得和预交罚金，可以减轻处罚。最终，刘某被判处有期徒刑三年，缓刑五年，财产刑部分没一罚一。该案也为在没有自首、立功等法定减轻处罚情形下，为内幕交易类案件跨刑期档做量刑辩护提供了案例支持。

另一个不得不提的情况是认罪认罚的时机对于量刑的影响仍然较大。根据司法解释规定，[2]"人民检察院提出量刑建议应当区别认罪认罚的不同诉讼阶段，综合考量确定从宽的限度和幅度。在从宽幅度上，主动认罪认罚优于被动认罪认罚，早认罪认罚优于晚认罪认罚，彻底认罪认罚优于不彻底认罪认罚，稳定认罪认罚优于不稳定认罪认罚"。上述规定对于晚认罪认罚的，特别是在二审中认罪认罚的，从宽幅度较为有限。但实际案例中，这种情况下的从宽幅度仍然超出一般预期，从中也可见综合、全程的辩护对当事人的利益来说具有重要意义。如在茹某刚、张某娟案[3]中，一审判决茹某刚有期徒刑六年。二审中，茹某刚自愿认罪认罚，二审法院认为，虽然茹某刚非自动投案，且归案后至一审判决，拒不认罪。但是，二审中自愿认罪并出具了认罪书，兼顾考虑其归案后能稳定供述交易过程，依法可予以从轻处罚，改判有期徒刑五年。

---

[1] 参见上海市高级人民法院(2015)沪高刑终字第 140 号刑事判决书。

[2] 最高人民检察院《人民检察院办理认罪认罚案件　开展量刑建议工作的指导意见》(2021 年 12 月 3 日)。

[3] 参见广东省高级人民法院(2019)粤刑终 1221 号刑事判决书。

(三)无社会危险性和再犯可能性,一贯现实表现是缓刑适用的主要考察内容之一,同时行为人行为时的职业身份对缓刑适用有直接影响

近10年内幕交易类案件中,缓刑适用率约为59%,[1]根据《刑法》第七十二条规定,适用缓刑,除了犯罪情节较轻和悔罪态度好之外,还应当满足“没有再犯罪的危险”和“宣告缓刑对所居住社区没有重大不良影响”,如胡某内幕交易案中,[2]审判机关认为检察机关指控胡某犯内幕交易罪,情节特别严重,事实和罪名成立,应予支持。胡某有自首行为,依法可减轻处罚,归案后认罪认罚,缴纳相应罚款有悔罪表现,可酌情从轻处罚。根据胡某的犯罪情节和悔罪表现,对其判处有期徒刑并宣告缓刑对所居住社区没有重大不良影响,法院依法决定对其适用缓刑。

在没有累犯法定不适用缓刑,以及前科、数罪并罚后刑期超三年等可能影响社会危险性评价的负面因素外,于经济犯罪的非暴力性犯罪而言,具有认罪认罚情节,往往视为满足了“没有再犯罪的危险”的条件,而“宣告缓刑对所居住社区没有重大不良影响”在实务中以“社区影响评估制度”来运行,通常是检察机关对拟给予缓刑量刑意见的犯罪嫌疑人或人民法院对拟判处缓刑的被告人,委托司法行政机关对该被告人的基本情况和现实表现进行考察评估的一种调查制度,包括个人及家庭基本情况、职业背景、日常表现以及社区对适用缓刑的意见,一些情况下司法机关还会听取被害人对量刑的意见。社区影响评估制度使得适用缓刑不再局限于法官的主观裁量和判断,特别是在“可缓

〔1〕 梁延昊、李宇馨:《专题一:内幕交易罪司法处置与辩护情况实证分析(上)——以近10年裁判文书为样本》,载“东卫刑辩”微信公众号。

〔2〕 参见四川省成都市中级人民法院(2020)川01刑初74号刑事判决书。

可不缓”的情形下,辩护人积极主动做好社区影响评估工作的引导性、铺垫式内容,如辩护人或被告人以社区书面证明或询问笔录等方式,证明对被告人适用缓刑对所在社区没有重大不良影响,可增加审判人员适用缓刑的信心,或推动司法机关启动社区影响评估调查,从而提升对被告人适用缓刑的概率。

基于裁判的评价指导和普遍预防作用,行为人行为时的身份是适用缓刑的另一个重要考量因素。在宁某、樊某内幕交易、泄露内幕信息案中,[1]一审法院认定,被告人宁某、樊某在对证券交易价格有重大影响的信息尚未公开前,共同交易该证券,情节严重,其行为均已构成内幕交易罪,依法应予惩处。两人共同实施了内幕交易行为,樊某所起作用与宁某相当。根据本案犯罪的事实、犯罪的性质、情节和对于社会的危害程度,结合被告人宁某、樊某在本案中的地位作用、认罪态度,对樊某适用缓刑,对宁某不适用缓刑。同时,还对宁某附加了从业禁止判项。法院明确指出,被告人宁某身为证券从业人员,明知所从事的收购项目系内幕信息,仍然违背职业的保密义务和道德要求等,利用其职业便利实现非法牟利,故为保护投资者的合法权益、防范和化解金融风险、保障证券市场的健康发展、维护金融市场的稳定,根据犯罪情况和预防再犯罪的需要,须对宁某处以从业禁止。

(四)利用类案裁判同案同判法理进行抗辩

“由于我国现行刑法有关刑罚裁量的规定过于原则,量刑情节设置粗放,宽刑幅度较为普遍”,[2]个案中的法官裁量权较大,量刑辩护成为刑事辩护中

〔1〕 参见上海市高级人民法院(2020)沪刑终71号刑事裁定书。

〔2〕 游伟:《量刑标准公开透明,破解“同罪不同罚”》,载 http://www.360doc.com/content/16/0110/02/22551567_526755359.shtml。

的重要内容。在方法论上，如果被告人和辩护人泛泛而谈主观恶性等酌情从宽、从轻的量刑情节，在控辩对抗性较强的案件中，难以具有针对性和说服力，量刑辩护效果大概率也会不尽如人意。而基于《宪法》所规定的"法律面前人人平等"原则，特别是最高人民法院"为统一法律适用，提升司法公信力"，于2020年7月31日实施《关于统一法律适用加强类案检索的指导意见（试行）》，强化类案裁判要求。

在冯某6等受贿、利用影响力受贿、内幕交易、泄露内幕信息案[1]中，被告人易某4的辩护人就利用了同系列案件中其他被告人因触犯相同罪名而获较轻刑，举重以明轻，为被告人在二审时进行量刑辩护。易某4的辩护人辩护提出，在"赛迪传媒"内幕交易系列案中，被法院认定为构成内幕交易罪的李某丙买卖股票的数额、交易金额或者账面收益均远超易某4，却被判处缓刑，易某4被一审判处有期徒刑五年，明显过重，判处罚金50万元也过重，不合理，请求对易某4在五年以下量刑。二审法院考虑了二审中易某4有立功情节，对内幕交易、泄露内幕信息罪可以减轻处罚。故对该辩护意见予以部分采纳。最终易某4内幕交易罪从五年有期徒刑减至三年有期徒刑，获得了较好的辩护效果。

（五）利用犯罪形态理论来进行抗辩

刑法理论中，犯罪形态是指故意犯罪在其发生、发展和完成的过程中的各个阶段，因主客观原因而停止下来的各种犯罪形态。具体包括犯意表示、犯罪预备、犯罪未遂、犯罪中止、犯罪既遂，其中犯意表示不属于犯罪，犯罪预备、未

[1] 参见湖南省高级人民法院（2015）湘高法刑二终字第6号刑事判决书。

遂、中止,因主客观原因都未完成犯罪,未造成与犯罪既遂相当的危害后果,所以《刑法》规定,这三种情况可以/应当比照既遂犯,从轻、减轻或免除处罚。在刑事案件辩护中,对于不属于既遂的犯罪形态来说,犯罪形态量刑辩护必不可少。内幕交易、泄露内幕信息犯罪是否存在犯罪中止、犯罪未遂的问题,学界对此有不同的认识,王新教授在其早期文章中提出的三个观点,对于内幕交易、泄露内幕信息罪的辩护工作具有指导意义。观点一:内幕交易、泄露内幕信息罪属于危险犯中的行为犯,行为完成构成要件行为为既遂。行为未完成构成要件要求,但已着手实施,威胁法益安全,造成危险产生的,在行为完成前也有未遂、中止的空间存在。观点二:关于“行为人在内幕信息的价格敏感期内进行交易,于内幕信息未公告前又自动放弃利用内幕信息的行为,是否成立中止”的问题。王新教授认为,虽然有观点认为既遂后可以成立中止,但这与传统理论相悖,可以采用准中止概念,仍认为既遂后无中止,而将行为人采取措施防止危险结果发生的情节在量刑中依照中止的量刑规定予以考量。观点三:对于危险犯的结果加重犯,危险状态出现后行为人自动采取措施,避免了加重犯后果的发生,但法定的危害后果(危险状态)已经出现,成立既遂,仅在量刑时予以考虑。[1]

实际案例中,已有辩护人运用犯罪形态理论对内幕交易、泄露内幕信息罪进行辩护。如在姚某江、曹某内幕交易、泄露内幕信息案[2]中,被告人曹某的辩护人提出“曹某的行为虽构成内幕交易罪,但只买入了股票却因意志以外的原因未卖出即案发,尚未实际取得利益,属于犯罪未遂”,明确以犯罪形态理论来进行辩护,遗憾的是一审法院认为内幕交易罪是行为犯,并没有认为是结果

〔1〕 参见王新:《内幕交易罪危险犯性质及犯罪形态的探析》,载《中国刑事法杂志》2012 年第 3 期。
〔2〕 参见新疆维吾尔自治区乌鲁木齐市中级人民法院(2011)乌中刑二初字第 2 号刑事判决书。

犯,认为买入和卖出均属于股票交易行为,根据《刑法》第一百八十条关于内幕交易、泄露内幕信息罪的规定,证券交易内幕信息的知情人员或者非法获取证券交易内幕信息的人员只要在价格敏感期内实施了买入、卖出或者泄露该信息三种行为中的任何一种即构成本罪,四被告人的行为均已构成犯罪且已既遂。各辩护人关于本案属于犯罪未遂的辩护意见无法律依据,不予采纳。

陆某某内幕交易、泄露内幕信息案[1]则是王新教授上述观点二的生动应用,且取得了良好效果。2016年12月20日、21日,被告人陆某某实际控制家人证券账户,买入A股票9.81万股,买入金额人民币91万余元。同月26日,在内幕信息公告前,被告人陆某某主动将上述股票全部卖出,从中获利1949.43元。庭审中,陆某某的辩护人对起诉指控的犯罪事实、证据及罪名无异议,认为陆某某买入股票不久后即卖出,且卖出时间系在公告停牌前,主观恶性小,未造成不良影响且获利少,犯罪行为轻微,恳请法庭对其免予刑事处罚。本案中,虽然辩护人仅从主观恶性来提量刑意见,未以犯罪形态理论进行辩护,法庭经审理,亦未认可辩护人提出的"犯罪情节轻微,免予刑事处罚"的辩护意见,但法院表示对于其他合理意见予以采纳,从最终量刑来看,法庭肯定了行为人停牌公告前卖出可以印证行为人主观恶性小的辩护意见,给予了较轻的量刑。

(六)利用共同犯罪中作用小、系从犯进行抗辩

内幕交易案件中,由于内幕信息知情人报备、禁止出借证券交易账户等制度的存在,以及内幕信息和交易资金的匹配需求,共同犯罪成为一种普遍的犯

[1] 参见上海市第三中级人民法院(2020)沪03刑初161号刑事判决书。

罪模式。而根据法律规定,共同犯罪中的从犯应比照主犯从轻、减轻或免除处罚。所以,利用行为人在共同犯罪中所起的作用,以从犯角度进行辩护也是较为多见的辩点。在谷某受贿、行贿、内幕交易、泄露内幕信息案〔1〕以及宁某、樊某内幕交易、泄露内幕信息案〔2〕中,辩护人均从共同犯罪从犯角度提出了建议从轻处罚的辩护意见。遗憾的是这两起案件中,审判法院均未认可辩护人对于从犯的责任划分,未予以采纳辩护意见。究其原因,在于在共谋实施内幕交易的情况下,内幕信息提供者和内幕交易实施者的责任相当,难言主从之分。但是在知悉对方有内幕信息而借账户给内幕信息知情人或非法获取内幕信息之人用于帮助对方实施内幕交易的情况下,综合考虑此种行为的非主导性、可替代性,不同行为人之间存在主从之分。如在樊某内幕交易、泄露内幕信息案〔3〕中,范某从郭某处非法获取了内幕信息,将该内幕信息告知王某2、张某。后二人按照范某的指示,将证券交易账户借给范某,帮助其进行内幕交易。公诉机关认为,范某在共同犯罪中是主犯;在鲍某、周某、潘某、王某内幕交易案〔4〕中,鲍某、周某、王某共同实施内幕交易行为,鲍某系非法获取内幕信息的人,其将内幕信息告诉周某,二人预谋筹借资金3000万元在该内幕信息公布前大量买入*ST海鸟证券以期获得巨额利润。周某将该内幕信息告诉原审被告人王某,并安排王某将筹借来的2800万元分摊到10个证券账户来操作买卖*ST海鸟证券。在鲍某、周某、王某的共同犯罪中,原审被告人鲍某系主犯,应当按照其所参与的全部犯罪进行处罚;原审被告人周某、王某起次要作用,系从犯,应当从轻或减轻处罚。

〔1〕 参见湖南省长沙市中级人民法院(2019)湘01刑初13号刑事判决书。

〔2〕 参见上海市第二中级人民法院(2019)沪02刑初55号刑事判决书。

〔3〕 参见上海市第二中级人民法院(2018)沪02刑初99号刑事判决书。

〔4〕 参见河南省焦作市中站区人民法院(2012)站刑再字第2号刑事判决书。

(七)利用行为已过追诉时效进行抗辩

追诉时效是指依照法律规定对犯罪分子追究刑事责任的有效期限。在法定的追诉期限内,司法机关有权依法追究犯罪分子的刑事责任;超过法定追诉时限,不应再追究犯罪分子的刑事责任,已经追究的,应当撤销案件或者不起诉或者终止审理。《刑法》第八十七条规定:“……(一)法定最高刑为不满五年有期徒刑的,经过五年不再追诉;(二)法定最高刑为五年以上不满十年有期徒刑的,经过十年不再追诉;(三)法定最高刑为十年以上有期徒刑的,经过十五年不再追诉……”关于内幕交易罪,《刑法》第一百八十条规定:“……情节严重的判处五年以下有期徒刑或者拘役……情节特别严重的,判处五年以上,十年以下有期徒刑……”《刑法》中的以上、以下包括本数。

也即内幕交易罪:(1)情节严重的,追诉时效为十年;(2)情节特别严重的,追诉时效为十五年。[1]

在已决案例中,有两起案例,被告人及辩护人提出了追诉时效抗辩。其中在郑某内幕交易案[2]中,审判法院完整地阐述了追诉时效裁判的逻辑及依据:(1)郑某控制的翰通投资公司成立于1998年,有正常业务,并非为实施内幕交易犯罪而成立,也不是以实施范围为主要活动。上述股票都是在公司的股票账户交易,股票获利用于公司经营。郑某是公司实际控制人,对公司有决策、组织、指挥作用;应认定郑某用翰通投资公司股票账户交易股票属于单位犯罪。(2)郑某控制翰通投资公司实施的内幕交易行为发生于2006年,案发

---

〔1〕 注:此处情节严重、情节特别严重应当适用判决时法律和司法解释规定。

〔2〕 参见湖南省长沙市中级人民法院(2019)湘01刑初58号刑事判决书。

于2018年,已超过刑事犯罪追诉期限。其使用母亲账户交易目标股票,非法获利超过75万元,属于情节特别严重,法定刑期在五年以上十年以下,该罪的量刑幅度包含十年量刑的本数,属于追诉期限十五年的规定,没有超过追诉时效。最终,本案以“已过追诉时效”的抗辩理由成功将单位内幕交易罪打掉。

在案例研究中,笔者发现一起判决疑似存在不当追究已过追诉时效犯罪,也与诸位读者分享,共同讨论下是否已过追诉时效问题。

被告人苏某,因涉嫌犯受贿罪于2020年1月3日被XC市监察委员会留置,后以涉嫌犯受贿罪、内幕交易罪于2020年8月17日被公诉。2020年11月11日,GD市人民法院认定苏某受贿罪、内幕交易罪罪名成立,判处有期徒刑十年二个月,并处罚金人民币55万元;犯内幕交易罪,判处有期徒刑六个月,并处罚金人民币35万元。决定执行有期徒刑十年三个月,并处罚金人民币90万元。[1] 经查:(1)苏某于1999年至2018年存在受贿行为,共受贿金额444万余元;(2)苏某于2007年存在内幕交易行为,非法获利33.9万元。

根据《刑法》第八十九条第二款规定,“在追诉期限以内又犯罪的,前罪追诉的期限从犯后罪之日起计算”。本案中,受贿行为始于1999年,如果认为受贿罪是前罪,那么内幕交易罪发生在2007年,至2020年已过追诉时效10年;如果认为受贿罪是后罪,那么前罪——内幕交易罪的追诉时效应当自受贿罪犯罪之日起计算。本案中,受贿罪的“犯罪之日”该以哪天计算?有观点认为所有受贿行为中,单独受贿金额构成犯罪的,就可以计算。但这种观点既无法解释受贿行为本身的罪数问题,也无法使得受贿行为追诉时效及单次受贿行为未达到追诉标准但是累计计算具有法理上的解释性。也有观点认为可以将最后一次受贿行为作为前罪追诉时效的起算之日,但这种将“犯罪之日”解释

〔1〕 参见安徽省宣城市广德市人民法院(2020)皖1822刑初196号刑事判决书。

为“犯罪行为终了之日”,既属于不当解释,也是不利于被告人的解释,缺乏法律依据。

二、内幕交易主体要件的辩点

总体来说,内幕交易罪主体方面的辩点呈现两个特点,一是常见,二是混乱。造成这种局面的原因既包括因为对于内幕交易罪的犯罪构成不清晰,特别是对“推定”证据规则和证明标准不清晰,同时对辩护缺少整体性和体系化的认识。也包括传统四要件构成理论深入观念的影响,带有侥幸地以狙击主体身份而意图实现出罪目的,殊不知这种“隔靴搔痒”式的辩护极其容易被控方驳斥,尤其是在有行政认定的情况下。关于内幕交易主体抗辩的理由较多,除了对内幕信息本身的抗辩理由之外,笔者梳理了案例中几类有实质意义的抗辩意见。

(一)未获取内幕信息的事实抗辩

对于非法获取内幕信息的人,虽然有两种路径进行认定内幕交易主体身份,一是基于查证事实进行认定,即通过调查获得的泄密人、受密人之间的口供、联系内容等证据认定泄密事实存在,进而认定受密人为“非法获取内幕信息的人”。二是基于《内幕交易司法解释》《最高人民法院关于审理证券行政处罚案件证据若干问题的座谈会纪要》所规定的推定方式,推定行为人系认定利用内幕信息进行交易,同时认定主体身份。但是在案例中,对主体身份的抗辩常见的理由为沿着路径一,以“未获取内幕信息”进行事实抗辩,妄图阻却主体身份认定。如在刘某内幕交易案,[1]鲍某等人内幕交易案,[2]赵某梅、刘某祥、刘某斌内幕交易案[3]中,被告人均提出了未获悉内幕信息的事实抗辩,意欲否定内幕交易的主体身份,阻却犯罪构成。而公诉机关均以路径二——被告人与内幕信息知情人联络、接触后,实施了与该内幕信息相关联的股票交易行为,交易行为明显异常且不能作出解释,驳回了被告人或辩护人对于主体身份的抗辩。

(二)多级传递型内幕交易案件中的主体抗辩问题

值得注意的是,一些非法获取内幕信息的人再次泄密,使内幕信息在多级受密人之间传递,在缺少内幕信息传递的证据进行认定的情况下,对于次级受密人所提出的没有获取内幕信息,不符合内幕交易主体身份的抗辩,也没有获得支持。但是在辩护中,未充分体现"禁止二次推定"的证据规则,或者对于次级受密人推定利用内幕信息进行交易的法律依据没有充分抗辩,可能也是未得到支持的原因。[4]

在赵某梅、刘某祥、刘某斌内幕交易案[5]中,公诉机关的指控"2009 年 4 月间,被告人赵某梅、刘某祥、刘某斌通过刘某华(另案处理)获悉江苏某股份有限公司可能要重组的信息后,即在涉及对证券交易价格有重大影响的信息尚未公开前,进行某公司股票交易",而法院经审理查明的事实是"2009 年 4 月初,被告人赵某梅通过刘某华(另案处理)获悉某公司可能要重组的信息后,

---

[1] 参见河北省高级人民法院(2021)冀刑终 196 号刑事判决书。
[2] 参见河南省焦作市中站区人民法院(2012)站刑再字第 2 号刑事判决书。
[3] 参见江苏省无锡市中级人民法院(2011)锡刑二初字第 0001 号刑事判决书。
[4] 注:至少从裁判文书中体现出的是这样。
[5] 参见安徽省宣城市广德市人民法院(2020)皖 1822 刑初 196 号刑事判决书。

又将该信息告知被告人刘某斌和刘某祥,在涉及对证券交易价格有重大影响的信息尚未公开前,进行某公司股票交易。”

本案中,由于刘某华系初级非法获取内幕信息的人,而刘某斌、刘某祥从刘某华处非法获取内幕信息,应当为次级获密人。由于刘某华的初级获密人缺少事实认定,仅是基于密切关系和异常交易,以推定方式认定刘某华构成内幕交易罪,知悉内幕信息。所以,对刘某斌、刘某祥的次级受密人身份认定上就将出现“二次推定”。从公诉机关与法院查明对刘某斌、刘某祥内主体身份的路径差异推断,但公诉机关的指控刻意避开了“二次推定”的问题(虽然当时《内幕交易司法解释》尚未出台),公诉机关利用法律授权证监会对专业问题进行认定的法律规定情况下,以当时试行的证监会《证券市场内幕交易行为认定指引(试行)》(已失效)中所规定的“优势证明证据标准”作为待证事项的证明标准依据,予以认定。本案中,审判机关认为“本案三被告人作为杜某库、刘某华的亲属,属于非法获取证券交易内幕信息的人员,其在涉及对证券交易价格有重大影响的信息尚未公开前,利用所知悉的内幕信息进行股票交易,其行为均已构成内幕交易罪”。其认定的逻辑:将刘某斌、刘某祥作为杜某库(内幕信息知情人)、刘某华(赵某梅的信息源、刘某华系杜某库的密切关系人)的亲属,结合异常交易行为进行认定构成内幕交易。法院在审判中则利用路径二,较好地回避了“二次推定”的问题。但最终在量刑上,虽然刘某斌、刘某祥交易金额和获利属于情节特别严重,但最终认定为从犯,减轻了处罚,并适用了缓刑,就某种程度上而言,也属于法律规定不完备情况下“认罪认罚”从宽制度的超前适用。

而在北京嘉瀛德兴投资有限公司、李某忠内幕交易、程某罡泄露内幕信息案中，[1]被告人程某罡是某上市公司董秘，系该案的内幕信息知情人，公诉机关指控被告人程某罡泄露内幕信息，涉嫌泄露内幕信息罪；被告单位北京嘉瀛德兴投资有限公司和被告人李某忠利用非法获得的内幕信息，在内幕信息的价格敏感期内交易相关股票，涉嫌内幕交易罪。证据证明的内容包括：(1)被告人程某罡知悉上市公司重组的内幕信息；(2)被告人程某罡与被告人李某忠关系密切，合伙开公司；(3)2015 年 4 月 10 日上午，程某罡来到嘉瀛德兴公司的实际营业地，是否见到被告人李某忠缺少直接证据证明，但随后李某忠安排其嘉瀛德兴公司员工王某、秦某操作贺某、宋某等 6 人的 8 个证券账户，卖出账户内其他股票并融资筹款，当日集中买入乙股票 1431.1755 万股，成交金额 23,200.495072 万元，乙公司当日股价大幅上涨；(4)被告人李某忠供述，2014 年下半年的一天，程某罡来北京，李某忠得知程某罡在跑乙重组的事情后就开始留意，想择机交易乙股票。2015 年 4 月初，程某罡来北京想找包商银行谈项目，李某忠向其引荐了总行的王行长。李某忠问程某罡重组的进展情况，程某罡说要到丙开会讨论重组的事情，重组快了。李某忠问是不是八九不离十，程某罡说差不多了。李某忠说想买点乙的股票，程某罡说想买就买吧。

本案中，被告单位北京嘉瀛德兴投资有限公司及被告人李某忠对内幕交易罪认罪认罚，但被告人程某罡及其辩护人提出“程某罡未向任何人透露内幕信息，不构成泄露内幕信息罪。指控程某罡在内幕信息的价格敏感期内多次与李某忠接触，并将内幕信息泄露给李某忠的事实不清、证据不足”的辩解、辩护意见。但法院以李某忠、程某罡系老乡，交往多年，关系密切；程某罡曾向李某忠借款 100 万元，案发时尚未归还；除程某罡外，李某忠不认识乙公司的其他人，或虽见过面但没有接触；除徐某外，李某忠不认识丙公司的其他人，程某

---

〔1〕　参见重庆市第一中级人民法院(2018)渝 01 刑初 31 号刑事判决书。

罡、李某忠二人在内幕信息的价格敏感期内有过多次接触，故程某罡系李某忠获知内幕信息的唯一来源；程某罡于2015年4月10日上午来到嘉瀛德兴公司之后，涉案的多个证券账户即卖出其他股票并融资筹款，大量买入乙股票，证券交易活动与内幕信息高度吻合，相关交易行为明显异常；李某忠亦多次供述系程某罡告知其乙公司重组信息。上述证据相互印证，足以证实程某罡向李某忠泄露内幕信息的事实。该辩解辩护意见不成立，不予采纳。

本案中，关于被告人程某罡泄露内幕信息的事实，其证明标准是否达到确实充分，是否存在违背"禁止二次推定"证据规则的嫌疑，是存在不同看法的。一方面，若以事实认定的方式认定被告人程某罡存在泄露内幕信息的事实，则需要达到"证据确认充分，排除合理怀疑"的证明标准，但本案中难言达到此标准。首先，有且仅有被告人李某忠的供述对该待证事实能够予以证明，属于直接证据；其次，其他间接证据虽起到证据的补强，但仍有合理怀疑不能排除——即便认为李某忠的信息源仅可能来自认识的人，那李某忠也认识丙公司的徐某，乙、丙公司的资产重组计划，丙公司徐某是否实际知悉内幕信息？另一方面，若降低证明标准，以明显优势证明标准予以证明，则裁判的法律依据不足。被告人程某罡对泄露内幕信息事实一直矢口否认。在内幕交易罪的认定方面，是按照"联络/接触内幕信息知情人（程某罡）＋交易异常"的模式，依法推定李某忠存在利用内幕信息进行内幕交易，这是法律允许的"一次推定"，但若因此再进行二次推定，则缺乏法律依据，即法律没有规定"联络/接触＋接触对象构成内幕交易＋行为人属于内幕信息知情人＝行为人泄露内幕信息"的推定模式。

（三）以知悉内幕信息的非积极性和非违法性来抗辩不是非法获取内幕信息的人

早期的一些案例中，也有被告人和辩护人因循法条条文内容，以知悉内幕信息的被动性、非违法性意图否定行为人属于内幕交易主体身份的资格，在没有探究立法原意和内幕交易规制的理论转向的情况下，不出意外地被法庭驳回了辩护意见，反而还推动了相关裁判要旨的产生。如在顾某内幕交易案[1]中，顾某从内幕信息知情人郭某处被动知悉内幕信息，后产生利用内幕信息交易的想法，并在内幕信息的价格敏感期内通过控制的他人账户进行交易目标股票，卖出后获利 126 万元。在二审中，顾某以未主动、非法获取内幕信息为由提出主体身份抗辩。而二审法院认为：首先，非法获取内幕信息的人包括三类，一是以非法手段获取内幕信息的人员；二是特定身份型获取内幕信息的人员；三是积极联系型获取内幕信息的人员。而后两种人员"获取信息的手段行为未必是非法的，但其作为特定身份的人员不应获取内幕信息"，从而将"非法获取内幕信息的人"从手段非法型拓展至资格非法型。其次，被告人在内幕信息的价格敏感期内实施了交易相关股票的行为，且行为异常，缺乏合理解释，情节特别严重。综上，认定被告人构成内幕交易罪。本案二审发生在 2018 年，虽然当时《内幕交易司法解释》已经出台多年，提出该种抗辩理由也反映出对于内幕交易主体身份仍有包括律师在内的一些人不甚清楚。

[1]　参见上海市高级人民法院（2018）沪刑终 86 号刑事判决书。

（四）意图排除联络、接触的非正常化，从而进行主体要件抗辩

非法获取内幕信息的人员的一类是"积极联络/接触＋异常交易"，在案例中便有被告人和辩护人提出"联络、接触是正常业务联系"，甚至提出一些间接证据，意图排除接触的非正常性，进而否定内幕交易主体资格。在洪某内幕交易案中，[1]李某是某上市公司董事长，正在筹划收购一家科技公司股权事项。被告人洪某系某研究院从事上市公司并购重组工作的研究员。在内幕信息的价格敏感期内，李某多次联系被告人洪某（洪某均为被叫），并证明在6月25日曾在北京某酒店与洪某见面。被告人洪某操纵7个证券账户，买入目标公司股票，交易金额9000余万元。公诉机关依据通话记录、李某的证言认定被告人洪某和内幕信息知情人李某之间存在"联络、接触"，被告人洪某及辩护人提出，联络是被动的，是正常业务联系，而其辩护人提供了洪某手机某App记录的洪某6月25日当天的步数，意图证明被告人洪某当天的步数较少，从距离上不可能与李某当天在宾馆非正常相见。但被审判法院以异常交易具有不可解释性，手机App步数是间接证据，无法完成对待证事实——6月25日未与李某见面的证明。

综上四点，虽然实践中多见对内幕交易罪主体要件抗辩的抗辩，但较少获得成功。其中原因既包括行政前置的审核把关，也包括行政认定的证据效力，还包括本罪犯罪构成的内在逻辑。简言之，内幕交易、泄露内幕信息犯罪的主体要件应当是一般主体，即具有刑事责任能力的自然人和法人均可以作为该罪的主体。在内幕交易规制的背后理论从身份中心主义向信息中心主义转变

---

[1] 参见辽宁省高级人民法院（2020）辽刑终249号刑事判决书。

的过程中，[1]内幕交易罪辩护工作，无论是自我辩解，还是辩护人进行辩护，过多围绕主体要件进行抗辩，难能获得有效结果。

三、内幕交易类犯罪主观要件的辩点

实务中，主观构成要件往往是控方不注意举证的，或往往只是证明最基础的具有精神医学意义上的责任能力，而且还是在被告人或辩护人提出精神病史的情况下。主观要件的务虚性，决定了在缺少客观证据的情况下，单纯从主观故意上抗辩鲜有效果。

（一）内幕交易及泄露内幕信息罪不是目的犯，不要求行为人具有牟利或避损的主观故意，也不要求固定是为己或为他，以不具有为自己牟利的主观恶意来进行抗辩不能获得支持

无论是从法条原文解释还是从理论上解释，内幕交易、泄露内幕信息罪都不是目的犯，但在案例中，有的被告人或辩护人误以为内幕交易、泄露内幕信息罪是目的犯，其构成犯罪需要以满足特定目的为前提，并以行为人行为时不具有“为自己或为他人谋取利益的目的”，或者以不具有“利用内幕信息的主观恶意”来进行抗辩。如在广某某内幕交易案[2]中，广某某作为某证券公司投资银行部副总监，知悉某利空性的内幕信息后，在代客理财中，帮助客户减

[1] 参见夏中宝：《“身份中心主义”到“信息中心主义”——内幕交易主体法律规制之变迁》，载《金融服务法评论》2014 年第 1 期。

[2] 参见广东省高级人民法院（2018）粤刑终 1315 号刑事裁定书。

持相关公司股票,帮助客户避免损失,涉嫌内幕交易罪。被告人广某某不服一审判决,上诉称其"没有主动利用内幕信息、蓄意避损的动机,牵扯本案是因为时间上的重合和没有尽到注意义务"。这个上诉观点可以视为同时进行因果关系抗辩和主观故意抗辩。审判法院从交易行为异常性驳斥了"没有主动利用内幕信息",认定了利用内幕信息的存在。(关于异常性的判断本书将在下文交易行为主体时予以介绍)同时,法院审理认为:"广某某帮助谭某减持英唐智控股票是否出于避损目的,不影响广某某的行为定性。"

正如有的研究所总结的那样,"违法性是一种客观的尺码,法律对每个人提出的要求是无差别的命令与禁止,规范命令无差别地适用于任何人并按照一般的标准来确定行为的违法性而无需考虑行为人的罪责能力与动机的非价,故每个人违反法律也将得到相同的结果。只有在罪责判断时,才会考虑行为人的意志形成的方式和方法,以及行为人对规范命令的个人能力问题"。[1]

(二)法律认识错误情况下,主观恶性不深,依法可从轻处罚

刑法上的认识错误是指行为人对自己的行为的刑法性质、后果和有关事实情况的不正确认识,也就是行为人对自己实施的行为事实或者法律性质和后果发生的认识错误。刑法上的认识错误可分为两种:法律上的认识错误和事实上的认识错误。内幕交易类犯罪多涉及法律认识错误,常见为行为人基于对行为主体(不认为自己是内幕知情人或非法获取内幕信息的人)、内幕信息(不认为所知信息构成内幕信息)的认识错误、行为手段(未泄露信息的完

[1] 方向楠:《德国犯罪论体系之演变——新古典暨目的犯罪论(一)》,载"欧洲法世界"微信公众号,2017年3月29日。

整内容、具体细节或日期等),而在内幕信息的价格敏感期内进行了交易或泄露了内幕信息。根据法律规定,法律认识错误不影响追究刑事责任。但实践中,法律认识错误的情况下,也存在一定的量刑辩护空间。

在邓某内幕交易案中,〔1〕被告人邓某作为上市公司B公司下属公司C公司业务拓展部副总,参加了B公司召开的公司投融资项目动议会和后期的定增项目筹划启动会,知悉了B公司筹划定增项目定信息,并全程参与了此次非公开发行募投项目中光伏电站项目建设的摸底、考察、报告撰写及论证工作。邓某在敏感期内,操作本人证券账户,买入B公司股票34万股,成交金额160万元,盈利41万元。邓某因涉嫌内幕交易犯罪被检察机关公诉。庭审中,邓某提出其不知道自己是内幕信息知情人,因为没有签订保密协议,也没有被告知戒绝交易,如果知道是内幕信息知情人一定会遵守相关规定。法庭经审理,认为"邓某对内幕交易行为在认识上的错误,不影响司法机关对其行为性质的认定,但在一定程度上反映其主观恶性不深,在量刑时可酌情从轻处罚"。

在赵某梅、刘某祥、刘某斌内幕交易案中,〔2〕三名被告人均为次级获密人,其中赵某梅信息源为另案人员刘某华,〔3〕刘某华系内幕信息知情人杜某库的配偶,属于内幕信息知情人密切关系人。刘某祥、刘某斌信息来源为赵某梅。庭审中,三名被告人均提出"其在购买某公司股票时没有意识到自己的行为是内幕交易犯罪,故其行为均不构成内幕交易罪"的自我辩护意见,法庭审理认为,"行为人对其行为的法律性质和法律后果存在认识上的错误,不影响司法机关对其行为性质的认定和依法追究。行为人实施行为时是否意识到犯罪,反映行为人的主观恶性程度,可在量刑时酌情考量"。

---

〔1〕 参见广东省深圳市中级人民法院(2017)粤03刑初214号刑事判决书。

〔2〕 参见江苏省无锡市中级人民法院(2011)锡刑二初字第0001号刑事判决书。

〔3〕 参见江苏省无锡市中级人民法院(2011)锡刑二初字第0002号刑事判决书。

（三）泄露内幕信息罪中，虽持主观故意，但结合泄露行为的目的、情形、参与程序、有无获利等综合考虑，若主观恶性小，造成危害小，可免予追究刑事责任

前文在探讨常见的内幕行为样态及行为结果归责问题时，我们讨论了泄露内幕信息行为的结果归责问题，因持不同理论主张，在过失泄露内幕信息的情况下是否要追究责任，有不同的归责理论，相关已决案例的深度解读中，我们能发现一些司法价值导向，但遗憾的是未能以判决文书的方式固化泄露内幕信息罪主观要件的裁判规则。但在案例研究中，笔者欣喜发现在持间接故意主观心态下的泄露内幕信息行为有免予刑事处罚的案例，这为非基于共犯目的和教唆目的的泄露内幕信息犯罪行为——间接故意主观要件下的泄露内幕信息行为的辩护工作，拓展了一个新的路径。

在刘某峰泄露内幕信息、陈某容内幕交易案中，[1]2018 年 1 月，本案内幕信息知情人被告人刘某峰在与被告人陈某容聊天时，将内幕信息泄露给了陈某容。后陈某容为非法获利，利用其父的证券账户，先后买入目标公司股票 4 万余股，成交金额 110 余万元，内幕信息的价格敏感期后将上述股票陆续卖出，获利 2.9 万元。审理过程中，法院认为，“综合考虑刘某峰泄露内幕信息的动机、经过，并未参与交易且未从中获利等情节，可对其免予刑事处罚”。

（四）对主观恶性辩点的提出要有事实基础和逻辑基础

“对主观恶意小、危害不大、依法可处罚可不处罚的，要坚持以教育为主，

〔1〕 参见上海市第一中级人民法院（2021）沪 01 刑初 7 号刑事判决书。

努力营造和谐有序的社会生产环境。”[1]刑事案件的司法政策导向为主观恶性留下了辩护空间。所以,一些案件中被告或辩护人常本着“有枣无枣打一杆”的心态,在自我辩护或辩护意见中随意提出被告人主观恶意小,请求从宽处罚的意见。但该辩点的提出,要有事实基础,不能简单提及,更不能背离逻辑理性。

在吴某某内幕交易案中,[2]被告人吴某某的辩护人以“被告人在知悉内幕信息前就已经开始购买新大陆公司股票,故其主观恶性较小、社会危害性不大”提出从宽处罚的意见,法院审理后认为,“经查,《中华人民共和国证券法》规定,非法获取内幕信息的人员,在内幕信息公开前,不得买卖该公司证券。吴某某从内幕信息知情人员处获取内幕信息后,两日内累计买入‘新大陆’股票174.93万股,总金额达2649.19万元,数额特别巨大,该交易行为违反了股票交易应当遵循的公开、公平和诚实、信用原则,破坏了国家对证券交易的管理制度,侵犯了其他投资者的合法权益。故辩护人的相关辩护意见不予采纳”。也许,本案中,辩护人可能基于案件具体的证据情况,以被告人存在获取内幕信息前也曾交易标的股票的客观证据,意欲对交易的异常性进行抗辩,但出于不影响自首和认罪辩护策略的稳妥考虑,仅从主观恶性的角度予以了提及。但笔者想说的是,在逻辑上不能自洽的辩解,恰恰成为法院驳斥的对象,如毫无事实基础和逻辑基础地进行抗辩,非但没有实质意义,还可能影响其他从宽情节的从宽幅度。

---

〔1〕参见中央政法委、最高人民法院、最高人民检察院、公安部、司法部有关负责同志在2020年2月26日在《关于政法机关依法保障疫情防控期间复工复产的意见》新闻发布会上的讲话,载《北京商报》2020年2月26日。

〔2〕参见福建省福州市中级人民法院(2015)榕刑初字第182号刑事判决书。

四、内幕信息及内幕信息的价格敏感期的辩点

前文已介绍了内幕信息的构成要件包括重大性和未公开性。司法实务中,在具有控辩对抗性的案例中,针对内幕信息本身以及内幕信息形成之日的抗辩也极为常见。鉴于内幕信息重大性的判断与内幕信息形成之日的判断是一体两面,本书在介绍相关案例中的辩点时,将此两点的辩点汇总归纳。

(一)以所知信息的非完整性、不具有准确性来抗辩所获知信息不是内幕信息

案例1

在杜某库内幕交易案[1]中,被告人杜某库系某集团总会计师,负责及分管集团内部的资本运作。2009年3月23日,杜某库与中电集团财务部主任张某洲到下属的“十四所”等单位考察。“十四所”所长罗某、“十四所”副总经济师鲍某平向杜某库、张某洲两人汇报了“十四所”准备收购南京地区股份制企业借壳上市的内容。3月29日,杜某库回北京后,根据罗某、鲍某平等人汇报的借壳公司的概况,通过互联网检索,得出唯一符合借壳条件的公司是高淳陶瓷。3月31日,杜某库陪同中电集团领导参加“十四所”搬迁仪式期间,南京

[1] 参见江苏省无锡市中级人民法院(2011)锡刑二初字第0002号刑事判决书。

市政府领导就“十四所”收购重组事宜出面协调，使其确信“十四所”拟借壳公司为高淳陶瓷公司。次日回到北京后，杜某库将“十四所”欲重组高淳陶瓷公司的信息告知其妻刘某华，双方均同意购买高淳陶瓷股票。2009年4月2日至4月20日，杜某库单独或与妻子刘某华共同操作买入高淳陶瓷股票，后案发。

本案中，被告人杜某库及其辩护人辩称，杜某库所得信息不是内幕信息。原因应是辩方认为其所获得的信息不具体，且并没有具体的股票指向。杜某库交易高淳陶瓷系3月29日回京后自己通过互联网检索而知。[1] 审判法院在裁判文书中针对被告人的辩解进行释法说理如下：杜某库从某所罗某等人处获悉并告知刘某华的信息具有真实性和秘密性。首先，从参与主体和内容看，某公司资产重组涉及控股31.33%的股东转让股权，由某所受让股权，拟成为第一大股东，属于公司股权结构的重大变化，属于《证券法》规定的重大事件；其次，从时间上看，2009年3月6日《合作框架》初稿形成后，虽有几易其稿、不断完善的过程，但所涉某所受让某公司国有股并成为该公司第一大股东和实际控制人的内容始终被保留，即某所重组某公司借壳上市的工作已展开，该重组信息始终是真实的；再次，从知情范围看，至公告前，该内幕信息的知悉人始终控制在很小的范围内，因而具有秘密性，完全符合内幕信息尚未公开的法定要求；最后，从影响力看，复牌交易后，某公司股票连续涨停，充分说明资产重组事项对该股票价格的重大影响。因此，证监会关于某所与某县政府商谈重组某公司并形成合作框架，该事项在公开披露前属于内幕信息，价格敏感期为2009年3月6日至4月20日的认定意见，有事实和法律依据。

---

〔1〕 注：由于判决书中未有详尽的被告辩解理由，该理由阐释是本书基于被告人观点而作的可能性推测。

该案时间较早,判决对于辩护意见的回应及说理在现在来看,仍值得敬佩,裁判结果经得起法律和历史的检验。但有两点归于时代的不足:一是第四点利用实际影响力进行说理,虽满足了本案"重大性"的实际支撑,但在第一点对于信息属于法定"重大事件"的认定后,有些画蛇添足,也不利于裁判规则的归纳和类案的借鉴(如他案公告后,股票复盘时不具有股价大幅波动);二是如果笔者对于被告人和辩护人辩解观点的推测与案件事实相符,那么裁判在说理上,对于被告人所获知信息与内幕信息本身具有实质上的等价性缺少解释,缺乏对行为归责正确的说理——虽然所获知的信息表面上未明示具体的资产重组的对象,但所透露的指标、地域等信息,足以支持被告人的行为判断,并且3月31日被告人再次去南京参加活动的行为印证了被告人的判断。

案例2

在韩某内幕交易案中,[1]2012年3月9日至11日,时代科技公司欲收购迪庆泰安矿业安格隆矿业。同年4月5日至7日,被告人韩某、丁某权(另案处理)、董某萍受时代科技公司负责人指派赴云南实地考察,并与迪庆泰安矿业和安格隆矿业负责人达成合作意向,拟由时代科技公司、迪庆泰安矿业和安格隆矿业共同出资成立新的公司。4月10日,时代科技公司发布重大事项停牌公告。5月8日,时代科技公司决定终止对外投资意向,股票复牌。2012年3月,被告人韩某与唐某生、杨某生(均另案处理)口头约定由被告人韩某提供股票内幕信息,唐某生提供资金,杨某生具体操作股票的方式,合伙利用内幕

[1] 参见浙江省绍兴市中级人民法院(2014)浙绍刑初字第12号刑事判决书。

信息进行股票交易。同年 4 月 6 日，被告人韩某与杨某生电话联系时将时代科技公司重组的内幕信息泄露给杨某生。4 月 9 日，杨某生操作“唐某生”“陈某”账户买入时代科技股票，交易金额 9,432,237 元。同日，杨某生操作自己的账户买入时代科技股票，交易金额 282,645 元，合计买入股票 1,683,186 股，交易金额 9,714,882 元。4 月 15 日，被告人韩某与唐某生签订股票操作协议一份，约定盈亏各半。后唐某生和杨某生于同年 5 月 9 日至 8 月 3 日抛售上述股票，亏损约 300 万元。2012 年 10 月 12 日，中国证监会出具的《关于杨某生等人涉嫌内幕交易犯罪的移送函》认定，上述重大投资事项在公司披露前属于内幕信息，其价格敏感期为 2012 年 3 月 11 日至 4 月 10 日。2013 年 1 月 10 日，被告人韩某主动到绍兴市公安局投案。

本案中，韩某辩称泄露给杨某生的信息不是内幕信息，因其作为公司法务人员，虽参与了考察谈判事项，但对重组的真实内幕信息并不知情，只是将自以为系内幕信息的虚假信息泄露给他人。

审判法院认为，“时代科技公司欲收购矿产，该重大投资事项属于内幕信息。虽此后因意外原因致重组未成功，但不能因此认定此非真实内幕信息”。也即审判机关的观点：内幕信息是否实现与是否存在是不同的概念，如真实发生存在的内幕信息，即便未能实现，也具有内幕信息的特点——重大性和非公开性，在此期间，利用该内幕信息进行交易，也侵犯了证券市场公平、公正、公开的交易原则，裁判背后的价值基础仍是“信息平等获得理论”，而非“欺诈理论”。

综上，在内幕交易、泄露内幕信息案件的辩解和辩护中，如果仅依据信息的具体内容不具有具体性、真实性、确定性，或者未明示，来辩解交易据以依据的信息不属于内幕信息，或者泄露的信息不属于内幕信息，理由是不充分的。至少，要提出充分的证据和理由，指出所透露的信息的其他合理解释性，以抗辩该信息对自身交易不具有支配性、决定性的支持依据,或对他人交易不足以产生有标的股票指向性的明示、暗示性质。

(二)对重要性判断的标准提出质疑,否定内幕信息形成之日的行政认定或司法认定

内幕信息重要性的要件是案件中关于内幕信息本身和内幕信息的价格敏感期形成之日常见的辩点,既可用于无罪辩护的理由,又可用于缩减内幕信息的价格敏感期间,减少交易量,起到量刑辩护的作用。

案例1

在徐某庭内幕交易案[1]中,一审认定:2011年10月,深圳广播电影电视集团启动并实施深圳有线广播电视网络的改革重组工作,拟将深圳市天宝广播电视网络股份有限公司、深圳市天隆广播电视网络股份有限公司分离后的网络资产和业务,以定向增发的方式注入深圳市天威视讯股份有限公司(深交所上市公司,股票名称天威视讯,证券代码002238),相关信息经证监会认定为内幕信息,内幕信息的敏感期为2011年10月18日至2012年6月11日。被告人徐某庭作为原深圳市天宝广播电视网络股份有限公司副总经理,是深圳有线广播电视网络改革重组内幕信息的知情人员。在内幕信息的价格敏感期间,被告人徐某庭买卖天威视讯股票,并将内幕信息泄露给他人,涉嫌内幕交

[1] 参见广东省高级人民法院(2015)粤高法刑二终字第134号刑事裁定书。

易、泄露内幕信息罪。

二审中，被告人徐某庭的辩护人提出：一审判决对徐某庭内幕交易、泄露内幕信息罪的认定事实错误，证据不足。证监会关于内幕信息的内容的认定错误，不符合内幕信息构成的两个基本要件。本案中包括“深圳广电集团改革重组”、“台网分离”以及“人员分流”等内容实际上全部属于已经公开的信息，并不具有影响股价波动的价格敏感性。

案例 2

在王某某、李某某内幕交易案中，[1]2014 年间，被告人王某某受公司指派参与本公司上市工作。2015 年间，该公司决定通过借壳的方式完成上市工作，并对涪陵电力等 4 家上市公司进行重点考察。2015 年 10 月 26 日，该公司内部会上提出要为借壳涪陵电力提前做准备；12 月 30 日，经与该公司商定，涪陵电力发布重大事项公告，并将涪陵电力股票停牌。2016 年 2 月 25 日，涪陵电力发布《重大资产购买暨关联交易报告书》。经证监会认定，该事项在公开披露前属于《证券法》规定的内幕信息，敏感期为 2015 年 10 月 26 日至 2016 年 2 月 25 日，被告人王某某系内幕信息知情人。被告人王某某在履职过程中知悉上述内幕信息，并在该内幕信息公开前，伙同妻子李某使用他人股票账户，于 2015 年 11 月 12 日和 12 月 29 日两次买入涪陵电力股票累计 14.33 万股，成交金额共计人民币 412.4 万余元。

上诉人王某某及李某某辩解，不应以 2015 年 10 月 26 日定为内幕信息形成之日，证监会关于内幕信息的价格敏感期的形成时间认定错误。上诉人应

〔1〕 参见北京市高级人民法院(2020)京刑终 55 号刑事裁定书。

是认为该日仅为并购方公司内部讨论借壳事项，信息并非来源于涪陵电力，也并未与涪陵电力达成并购合意，相关信息具有不确定性，尚未构成内幕信息所要求的“重大性”。[1]

案例3

在谢某某内幕交易案[2]中，其中一节指控事实：2009年5月6日，福建某某矿业集团股份有限公司（以下简称某某矿业）副董事长潘某某向被告人谢某某表明其公司欲借壳上市，并委托谢某某推荐有意卖壳的上市公司。同年5月7日，谢某某向潘某某推荐了有卖壳意向的上市公司浙江某某实业股份有限公司（以下简称某某实业）。5月12日，谢某某促成双方面谈意愿。5月14日，经谢某某的安排，某某矿业与某某实业负责人见面并初步协商借壳上市事宜。5月18日10时许，谢某某根据潘某某提供的某某矿业预评估结果制定了《浙江某某实业股份有限公司重组方案》。双方根据重组方案进一步见面协商，达成重组意向，并决定5月19日停牌。某某矿业借壳某某实业重组上市这一内幕信息的价格敏感期初步确定为2009年5月12日至5月19日。2009年5月18日上午，谢某某在获取某某实业与某某矿业资产重组内幕信息的情况下，作为该内幕信息的知情人，在内幕信息尚未公开前，自己购买并指使被告人安某某购买“某某实业”股票。

本案中，被告人提出内幕信息价格敏感期形成时间的认定错误的抗辩意

[1] 注：因判决文书并未详述被告人及辩护人此辩点的理由，此观点仅为笔者依据证据及辩点进行推测。

[2] 参见上海市浦东新区人民法院（2011）浦刑初字第2738号刑事判决书。

见。2009年5月18日晚上9时之前的信息既非法定的内幕信息，也不具备内幕信息的特征。2009年5月18日晚上9时之前，某某矿业和某某实业没有形成有关重组的意向、决定、计划，甚至该双方内部也没有作出任何方案、计划或者决定，而内幕信息除了重大性、关联性、非公开性，还具有确定性的特征，即应当是已经发生的事实或者基本确定会发生的情况，信息的内容也应当是准确、特定和确定的。2009年5月18日晚上9时至次日凌晨4时，双方正式进行磋商并形成了重组意向，此时内幕信息才算形成。

而法院审理认为，所谓"内幕信息的价格敏感期"，是指从内幕信息开始形成之日起，至内幕信息公开或者该信息对证券的交易价格不再有显著影响时止的时间区域。本案中，某某矿业早在2007年就开始寻求IPO首发上市且由谢某某作为保荐人。2009年5月6日，2009年5月12日谢某某打电话询问某某实业的黄某某，一方面某某矿业具有强烈的买壳意愿，另一方面某某实业有明确的卖壳意向，两家公司在相互了解了基本情况后都委托谢某某就买壳卖壳事项安排会面商谈，这一尚未公开的信息一旦泄露，足以对某某股票的市场价格产生重大影响。且谢某某作为撮合两家公司围绕买壳卖壳事宜见面的证券中介专业人员，对两家公司重组事项的发展有更准确的专业预测，因此将2009年5月12日作为某某矿业借壳某某重组上市内幕信息的开始之日，具有事实依据。2009年5月19日凌晨4时，某某矿业与某某就重组事项达成初步共识，5月19日上午，某某向上海证券交易所申请股票停牌。综上，证监会将该节价格敏感期认定为从2009年5月12日起至5月19日止具有合理性，予以认可。

总体来说，从上述三个案例可以看出，采取"可能性与影响程度衡量标准"来进行判断内幕信息重大性是司法机关逐渐采用的标准，而从辩方的角度来说，以"原则合致标准"或"理性投资人标准"来进行抗辩内幕信息的重大性或价格敏感期的形成之日则是一条途径,因为对信息是否具有重大性的判断至今没有统一标准。如案例3中,被告人以“原则合致性标准”进行抗辩,认为在5月12日资产重组的双方尚未形成合意,没有达成书面的协议。而司法机关鉴于重组事项的买卖双方共同委托同一中介人员进行磋商,重组成功的可能性较高,以“可能性与影响程度衡量标准”作为认定的理由,同时,后续又进一步阐述了“且谢某某作为撮合两家公司围绕买壳卖壳事宜见面的证券中介专业人员,对两家公司重组事项的发展有更准确的专业预测”,即行为人职业和涉案参与身份的原因,对该信息的重大性有超出了市场的一般理性人的判断能力。可以看出,司法机关并非单纯地以“可能性与影响程度衡量标准”来驳斥“原则合致性标准”,而是采取了“可能性与影响程度衡量标准” +“理性投资人标准”来驳斥被告人所提出的“原则合致性标准”,进而认定重大性的形成之日。

(三)以相关信息已被媒体揭露、被市场吸收、广泛传播等为由,对内幕信息构成要件的非公开性进行抗辩

无论是学界还是司法实务界均认可内幕信息至少要满足重大性、非公开性两个构成要件。关于“非公开性”要件公开的认定标准,证监会《证券市场内幕交易行为认定指引(试行)》第十一条曾明确规定,“本指引所称的内幕信息公开,是指内幕信息在中国证监会指定的报刊、网站等媒体披露,或者被一般投资者能够接触到的全国性报刊、网站等媒体揭露,或者被一般投资者广泛知悉和理解”。[1]《内幕交易司法解释》虽采取了严格的要式公开模式,认为

〔1〕 注:该指引于2020年10月30日,被《中国证券监督管理委员会公告》(〔2020〕66号)废除。

"内幕信息的公开,是指内幕信息在国务院证券、期货监督管理机构指定的报刊、网站等媒体披露"。但在第四条第(三)项、第(四)项规定,"依据已被他人披露的信息而交易的"及"交易具有其他正当理由或者正当信息来源的"从行为结果归责的角度对利用已被不合规公开的信息进行交易的行为作了出罪化处理。前者的被废除,以及后者的模糊,使得对内幕信息本身非公开性要件的抗辩效果被弱化,也即内幕信息已被广泛传播,许多市场投资人通过公开渠道已经可以触达该内幕信息,但若作为内幕信息知情人的行为人不能提供其确实依据其他渠道公开的信息而进行交易的证据,那将无法出罪。客观上,他人基于已非合规披露的信息进行交易和行为人依据掌握的内幕信息进行交易,虽然在实质上具有相同的效果,但法律后果不同。法律应当自问的是,在这种情况下,还应利用司法资源保护已经满目疮痍、存在制度缺陷的"三公"原则吗?或者是不是循着公开的信息渠道,打击"泄露内幕信息"的行为更为有效?又或者如此打击无法"自证其白"的内部人,是否有刑罚上的公正性?

当然,留给辩护方的工作是在无法提供有力证据证明行为人确实是利用已公开信息或其他正当渠道而获得的信息而进行交易的情况下,如何将辩点归纳为"内幕信息"的构成要件是否全部满足——该信息是否具有秘密性?

案例

在袁某群、王某内幕交易二审案中,[1]一审认定:2011年10月,深圳广电集团正式启动并实施深圳有线广播电视网络的改革重组工作,将深圳天宝广

〔1〕广东省高级人民法院(2015)粤高法刑二终字239号刑事裁定书。

播电视网络股份有限公司、深圳天隆广播电视网络股份有限公司分离后的网络资产和业务，以定向增发的方式注入深圳市天威视讯股份有限公司，涉及相关资产重组信息经证监会认定在公开披露前属于《证券法》规定的内幕信息。内幕信息敏感期为2011年10月18日至2012年6月11日。2011年11月至2012年2月，被告人袁某群作为天宝公司副总经理，参与了重组事项，在重组过程中获悉相关内幕信息，其在内幕信息敏感期内，向被告人王某泄露了天宝公司改革重组、台网分离、人员分流等相关改革进展情况的内幕信息。王某在获悉上述内幕信息后，从2012年1月起开始多方调集资金。于2012年2月14日后交易案涉股票。

王某不服一审判决上诉，其理由之一是原审法院认定的内幕信息不具有"非公开性"和"重大性"；本案"网台分离"和"人员分流"是每个员工都知道的事情，不属于内幕信息。

针对上诉人的该上诉意见，二审法院认为：王某集中购买天威视讯股票前，有关"天威视讯公司拟通过控股股东深圳广电集团等特定对象发行股份购买天宝公司及天隆公司两项资产"的信息尚未在国务院证券、期货监督管理机构指定的报刊、网站等媒体披露。在上述对证券交易价格有重大影响的信息披露前，相关媒体发布的推测性的信息及行业内的传闻等均具有不确定性，不能认为是本案内幕信息已经公开。王某及其辩护人所提王某有理由相信本案内幕信息已经公开的理由不能成立。

可以看出，虽然上诉人是针对内幕信息本身的非公开性而提出的抗辩，但二审法院是沿着《内幕交易司法解释》所规定的法定出罪事由而进行认定，有意或无意绕过上述信息是否还具备"非公开性"的实质评价，进而以官方渠道未公开来认定上诉人"有理由相信本案内幕信息已经公开"的理由不成立。当然，上诉人及辩护人仅口头提出该观点，并没有提供足够的证据，并援引当时仍生效的《证券市场内幕交易行为认定指引（试行）》所规定的公开标准"（信息）或者被一般投资者能够接触到的全国性报刊、网站等媒体揭露，或者被一般投资者广泛知悉和理解"来进行抗辩，在客观上造成了证据的支撑性不足给裁判带来的影响不够的不利结果。

有学者也曾鲜明指出，"内幕信息之所以被称为内幕信息，最根本的原因在于这种信息具有隐蔽、秘密、非公开的特征"。[1]并且还一针见血地指出我国《内幕交易司法解释》自身存在的上述逻辑问题——"《内幕交易司法解释》原则上仍坚持形式公开标准，但实际上通过免责条款部分采取了实质公开标准。"[2]笔者作为律师，非法律学者，仍忍不住呼吁不要漠视"作为结果归责的出罪理由"和"内幕信息构成要件"之间的标准差异，因为后者的出罪范围明显要大于前者。笔者的这种呼吁也许会招来监管者的责难，但司法导向会带动监管导向。在《证券法》规定临时披露义务的情况下，如果还过于将一些可靠媒体、来源清晰或线下特定方式泄露的内幕信息情况当成普通"市场传闻"，既不利于保护投资者，也不是有效地维护市场秩序和法律权威的监管态度。

综上三点可见，内幕信息作为内幕交易、泄露内幕信息罪赖以存在的条件基础，其司法审查意义对于裁判公正来说是不言而喻的。机械地适用严格要式公开原则和盲目追求实质公开标准一样，均对内幕交易的规制及个案正义实现存有弊端。而从辩护工作来看，重视"内幕信息"本体和构成要件的独立辩护价值，并且与"内幕信息价格敏感期"的"形成之日""公开之日"的辩点，以及与法定出罪情形辩点相结合，应当成为此罪辩护策略的核心内容，

---

〔1〕 黄江东：《内幕交易若干案例分析及法理探讨》，载《创新与发展：中国证券业 2018 年论文集》。
〔2〕 黄江东：《内幕交易若干案例分析及法理探讨》，载《创新与发展：中国证券业 2018 年论文集》。

不可不察。

五、交易行为异常性的辩点

由于《内幕交易司法解释》规定了交易明显异常行为对于行为人利用内幕信息进行交易的推定规则，行为人交易行为明显异常与否的判定成为个案罪与非罪的关键。司法解释对交易明显异常采取从时间吻合程度、交易背离程度和利益关联程度三个角度综合认定的方式，符合经验法则。同时，允许行为人进行交易行为合理性的抗辩，从立法上构建了实现打击犯罪和个案正义的制度设计。但在早期的一些案例中，对于交易行为“明显异常”的认定，个别的案例仍缺乏充分解释。在对案例的研究中，我们发现了以下几点具有代表意义的，行为人或辩护人对行为明显异常的抗辩理由。

（一）以控方证明交易行为明显异常的证据不足进行抗辩

毫无疑问，刑事诉讼中，“行为人交易行为明显异常”属于控方的证明责任。其待证事实包括两方面：一是在认定的内幕信息价格敏感期内，行为人存在交易相关股票的事实；二是行为人的交易行为，和内幕信息形成、发展、结束三个阶段具有时间上的吻合性；行为人的交易行为与往常交易具有行为特点上的明显差别；交易行为在资金来源、利益归属、风险承担等方面具有和知悉内幕信息的人某种程度上的关联。

如在刘某内幕交易、泄露内幕信息案二审中，[1]一审判决认定，唐山港集团股份有限公司初步确定2015年度利润分配及资本公积金转增股本方案，该信息经证监会认定，在公开披露前属于《证券法》规定的内幕信息。内幕信息敏感期为2016年3月17日至3月31日。时任集团副总经理的赵某（已死亡）属于内幕信息知情人，并于2016年3月28日将信息透露给被告人刘某，并指使被告人刘某通过他的个人证券账户为其买入该公司的股票（股票名称："唐山港"）。帮助赵某购买的同时，刘某也自行买入了"唐山港"股票。2016年4月5日，刘某按照赵某的指示将上述购入的"唐山港"股票全部售出。另查明，2017年7月19日，证监会对被告人刘某作出行政处罚，认定刘某的上述行为构成内幕交易，没收刘某违法所得人民币161,669.08元，处以罚款人民币485,007.24元。刘某于2017年8月8日主动缴纳了该违法所得和罚款。

二审期间，证人赵某死亡，留下遗书载明并未将内幕信息泄露给刘某。被告人刘某及其辩护人以赵某遗书否认了之前供述的泄露内幕信息给被告人的证言，仅靠银行流水、股票账户交易记录不能证明刘某的证券交易异常为由，提出上诉。

一审法院认为，刘某此次股票交易系在内幕信息敏感期内买入，内幕信息公开后全部售出，且其在本案发生前从未购买过该只股票，此次交易行为与其平时的交易习惯明显不同，交易行为明显异常；刘某、赵某二人以赵某先取现再存入刘某银行账户的隐蔽方式，将钱款给刘某，之后刘某再帮赵某购买"唐山港"股票，对上述隐蔽的转款方式、异常的交易行为，刘某无法给出合理的理由，因此与赵某构成内幕交易的共犯。而二审法院继续支持了一审法院对交

[1] 参见河北省高级人民法院（2021）冀刑终196号刑事裁定书。

易异常的认定。

本案二审中,被告人利用了客观情况的变化,并意图用“审判中心主义”下利用直接言辞原则来否认之前对知悉内幕信息的供述。显然,被告人也注意到了“联系、接触+异常交易”推定认定存在内幕交易行为的可能,于是提出了交易行为并非异常性的抗辩。但被告人忽略了资金来源证据的客观证明力,缺乏对言辞证据认定规则的充分理解,盲目信仰直接言辞原则,并没有能够对翻供作出合理性解释。本案最终的结果也因被告人拒不认罪,缺乏悔罪态度,在二审裁定中被直接言明“犯罪情节严重,拒不认罪悔罪,即使缴纳了违法所得和罚款,也不足以免予刑事处罚”并最终获得实刑。

(二)以交易相关股票有正当理由和正当信息来源来抗辩交易异常性

“交易具有其他正当理由或者正当信息来源的”是《内幕交易司法解释》第四条规定的出罪情形之一。如前文所述,笔者认为该条出罪理由的法理基础是不具有因果关系,应被归于因果关系抗辩。但在一些案例中,许是因为被告人或辩护人提出该辩点的角度的原因,或是审判机关认为通过交易异常性认定可以间接完成存在因果关系和行为归责合法性的论证,使得该辩点仍在“交易异常性”这一待证事项的范畴之内。

如在陈某啸内幕交易案中,[1]上诉人陈某啸:在卷证据不能证明其买入涉案股票的交易行为异常;其辩护人认为,陈某啸交易股票有正当理由和正当信息来源。二审法院经查证后未予以支持上诉人和辩护人的理由,其论证的逻辑是沿着交易异常性认定展开的,进而认定存在利用内幕信息进行交易的

[1] 参见安徽省高级人民法院(2020)皖刑终16号刑事裁定书。

行为，而回避了辩护人所提出的“正当理由和正当信息来源”与交易行为存在因果关系的判断，或者说，(1)上诉人陈某啸在内幕信息敏感期内，通过联络、接触内幕信息知情人员薛某；(2)陈某啸在联系、接触内幕信息知情人后，筹集大量资金，不计成本将资金全部或大部投入相关股票，与其平时交易习惯明显背离，且其交易的时间点与内幕信息的形成、变化、公开以及获取内幕信息时间吻合；(3)交易资金的进入与内幕信息知情人薛某存在关联，系薛某安排弟媳朱某借款给陈某啸；(4)在交易涉案股票停牌前持续买入，只买不卖、相关股票“一字板”涨停复牌后通过大宗交易亏损卖出，上诉人陈某啸交易东源电器、巢东股份的行为符合《内幕交易司法解释》第三条的规定，属于相关交易行为明显异常。故陈某啸此节上诉理由及其辩护人关于陈某啸交易股票有正当理由和正当信息来源的相关辩护意见不能成立。

(三)以不存在借贷杠杆、全仓交易未超出历史交易标的股票来抗辩交易异常性

基于利用内幕信息交易最大化获利的动机，通常情况下，交易行为通常会表现出类似赌博中梭哈行为一样的异常特点，通常表现为“割肉买入”“全仓买入”“不计成本买入”“利用资金杠杆”等交易行为，这被监管机构归纳为“交易的果断性”所体现的交易行为异常。而从辩护的方面来说，行为人或辩护人通常以不具有上述行为来抗辩交易异常性判定，特别是在“接触/联络＋异常交易”和“密切关系人＋异常交易”以推定方式认定存在内幕交易的案例中。如在芮某、张某内幕交易、泄露内幕信息案中，二审中，被告人张某以未从内幕信息知情人芮某处获知内幕信息，相关交易有正当的理由和信息来源，并提出仅卖出约1/3持有的其他股票，套现的资金全部买入“南通科技”股票，交易行

为不属于明显异常作为上诉理由。[1]

对于上诉人及辩护人的上诉理由，二审法院认为"2014 年 2 月 21 日至 28 日，张某控制使用'张某祥'账户，清空'齐翔腾达''国机汽车'等股票，并单一大量买入南通科技股票，与平时交易习惯明显背离。南通科技股票于 2014 年 3 月 3 日起停牌，其交易的时间点与内幕信息的形成、变化、公开以及获取内幕信息时间吻合。……张某所提的辩解理由和提供的网上分析资料及交易记录等书证，不能确认是其长期观察跟踪分析南通科技股票走势的事实，不能合理解释当时买入南通科技股票的交易行为与内幕交易高度吻合的原因。综上，现有证据足以证明张某交易行为明显异常，足以说明促使其作出交易决定的真正因素是其对获取的内幕信息的确信，而非根据分析判断"。

本案中，二审法院并不认为未"全仓交易"等行为表现具有否定相关交易明显异常的独立作用，仍是从交易的时间点与内幕信息的形成、变化、公开及获取内幕信息时间吻合，以及大量单一买入等特点来认定交易行为异常性。

需要特别指出的是，本案中上诉人及辩护人还提供了"网上分析资料""公证书"等证据，欲意佐证行为人交易行为是基于专业分析的决策，具有合理理由。但本案中并未采信，原因是"不能确认是其长期观察跟踪分析南通科技股票走势的事实"，这个认定意见包括两方面司法评价，一是对事实的评价——对主张事实的成立未完成证明；二是对证明责任的分配——交易行为系完全基于分析的证明责任归于被告人。我们先行点出此问题，将在下节因果关系抗辩理由的论述中，予以和一起无罪案件对比评价。

[1] 参见湖北省高级人民法院（2018）鄂刑终 139 号刑事裁定书。

（四）以符合国家救市政策作为正当理由来对交易行为的违法性进行抗辩

人们常说，“股市是经济的晴雨表”，“股市兴，则国家兴”。我国也曾在股市低迷时期，出台过一些“救市”政策，如 2015 年股灾时，国家“鼓励上市公司大股东及董事、监事、高级管理人员在本公司股票出现大幅下跌时通过增持股票等方式稳定股价”。[1] 在山东置城集团有限公司原济宁置城实业有限公司等单位行贿、内幕交易、伪造居民身份证案、[2]宋某内幕交易案[3]中，也曾出现被告人、辩护人以响应此项政策号召而对交易行为违法性提出抗辩。

从某种意义上来说，这可能构成“行刑交叉”，因为内幕交易类案件属于行政犯，所以即便刑法、行政法其立法目的不一致，但在法律应用的社会效果方面，二者应当具有同一性。换言之，行政政策的变化是否引起相关行为行政违法性的丧失是刑事司法活动中应予审查的情况。对于上述案件中，被告人和辩护人所提的“响应政策号召”的辩解，除了可以被进一步解读为“交易行为违法性是否被阻却”的疑问之外，还可以从另一方面解读为“鼓励政策”虽没有列明对内幕信息敏感期内的交易禁绝义务的豁免，但也容易让市场主体认为构成豁免，因为证监会《证券市场内幕交易行为认定指引（试行）》中规定

〔1〕 参见中国证监会《关于上市公司大股东及董事、监事、高级管理人员增持本公司股票相关事项的通知》（证监发〔2015〕51 号），来源证监会官网，已失效。

〔2〕 参见山东省淄博市中级人民法院（2016）鲁 03 刑初 11 号刑事判决书。

〔3〕 参见山东省东营市中级人民法院（2017）鲁 05 刑初 3 号刑事判决书。

“经证监会许可的其他市场操作”[1]被认为不构成内幕交易行为。从法理上朴素地理解,举轻以明重,相关交易行为不具有行政违法性自然不能入罪。关于法的规范保护目的之冲突和重构,详见于改之教授相关著作。[2]

所以,从辩护意义上来说,上述辩点在特定情况下是存在出罪可能性的。但遗憾的是,两起案件的审判机关在处理这种“行刑交叉”案件中,针对行政、刑事不同部门法的规范保护目的均采取了独立性的判断——出于刑事司法慎重出罪的原因,并未认可“鼓励政策”对于交易行为行政违法性的阻却,仅是在量刑环节予以考虑主观恶意。

(五)以交易行为符合以往交易习惯进行抗辩交易行为的异常性

“交易背离程度”是《内幕交易司法解释》规定的综合认定行为明显异常的考量因素之一,也是较为常见的抗辩理由。有研究统计,近10年的内幕交易行政处罚案例中,有27个案例32人次以此为由提出抗辩。交易习惯具有强的外在性,但又受投资经验、交易策略、教育背景等多元因素的影响,当事人的交易习惯形态各异,[3]这被称为“交易者的异质性”。当然,这里的影响因素也包括所接收到的信息。从认识和实践的关系来说,交易习惯不是一成不变的,但非因特殊原因,也不是骤然变化的。交易习惯异常性的判断符合经验

---

〔1〕 注:第十九条:上市公司、上市公司控股股东或其他市场参与人,依据法律、行政法规和规章的规定,进行下列市场操作的,不构成内幕交易行为:

(一)上市公司回购股份;

(二)上市公司控股股东及相关股东行为履行法定或约定的义务而交易上市公司股份;

(三)经中国证监会许可的其他市场操作。

该部门规章已于2020年10月30日被证监会废止。

〔2〕 参见于改之:《法域协调视角下规范保护目的的理论之重构》,载《中国法学》2021年第2期;于改之:《法域冲突的排除:立场、规则与适用》,载《中国法学》2018年第4期。

〔3〕 参见齐萌、刘博:《内幕交易抗辩事由——实证分析与法律规制》,载《财经法学》2022年第2期。

法则，并被赋予允许自我辩解的权利，体现了司法制度设计的合理性和公平性。在交易习惯上，既分宏观习惯，又分微观习惯。所谓宏观习惯，是指历史交易所体现出的整体特点，如同时持有股票数量、总持仓规模、投资板块、单一股票持仓规模、交易策略、风险偏好及风险容忍度等考量维度；微观习惯是指单次交易行为或固定交易标的股票中所体现的特点，如单次交易规模、价格特点、交易方向等。基于交易者的异质性特点，宏观上将市场中的投资者分为三种类型：均值—方差最优型的理性投资者、信息驱动型交易者、反馈型交易者。[1] 理论上，基于交易行为的数据刻画功能，可以实现市场交易者的交易习惯画像。

如在汪某明泄露内幕信息、彭某、项某典内幕交易案[2]中，被告人彭某的辩护人提出交易行为符合以往交易习惯的抗辩，并提供了彭某的证券交易记录，以证实彭某有全仓买入卖出的交易习惯，本次全仓买入行为不构成明显异常。

值得提出的是，本案的办案单位上海警方在证券犯罪案件侦查经验十分丰富，在案证据中，对彭某配偶孙某的证言中取得“彭某在 2014 年 5 月 29 日 9 时 30 分左右打电话给她，说他的电脑网络有问题，让她立即将两个账户中的原有股票全部抛出，全部买入‘世纪鼎利’股票。当时她很犹豫，因为原有股票已经持有了几年，还没有到心理价位，而且觉得‘世纪鼎利’股票前期涨幅很大，追高买入被套的风险很大，再则也不符合两人以往的交易习惯，因为两人以往都是做价值投资，前期涨幅大的股票不在选股范围内”。而在被告人彭某本人的供述中，也供述到“他的交易习惯是跟着大市做，看中股票满进满出，不

[1] 参见张磊：《中国股市交易者行为研究——基于股票交易者异质性的分析》，载《价格理论与实践》2018 年第 7 期。

[2] 参见上海市第一中级人民法院（2016）沪 01 刑初 80 号刑事判决书。

割肉”。

最终,针对被告彭某对交易符合以往交易习惯而提出的抗辩意见,审判法院认为:相关股票交易记录和彭某的供述以及孙某的证言反映彭某股票交易偏好价值投资、不选前期涨幅大的股票、不亏本卖出等。然而,彭某在2014年5月28日晚接到汪某明电话的次日上午证券开市后即不顾妻子孙某的质疑,执意要求孙某将两人账户存在部分亏损的股票全部卖出,并全仓买入“世纪鼎利”股票,成交额达361万余元,上述股票交易操作手法明显违背彭某以往的交易习惯、策略,且具有内幕交易行为的常见特征。彭某虽辩称购买“世纪鼎利”股票系其多年从事证券交易的经验和根据市场行情分析判断的结果,但从其购买“世纪鼎利”股票的时间特殊性和操作手法的异常性来看足以否定其上述辩解。

六、因果关系构成要素方面的抗辩

刑法所不许的危害结果与行为人行为之间存在刑法上的因果关系,是行为归责——对行为进行刑罚的法理基础。但因果关系不仅是刑法和犯罪学中一个重要而又具有实践意义的问题,同时还是一个非常复杂的问题。储槐植教授曾总结道:“长期以来,对这一问题(因果关系)的研究一直是我国刑法理论研究中的一个薄弱环节。国内有些学者在探索刑法中的因果关系问题时,往往自觉或不自觉地把因果关系问题与犯罪和刑事责任问题剥离开来,提升到抽象的哲学高度,用哲学中的因果关系原理取代对刑法中的因果关系问题的研究,从而纠缠于‘必然性和偶然性’‘内因和外因’等一些哲学问题上,于司法实践的意义不大。"[1]因果关系刑法理论上的发展,对内幕交易类犯罪因果关系认定产生了积极影响,基于打击犯罪的立法目的以及证明标准的现实可能性,司法机关已普遍认为内幕交易案件刑法因果关系的判断应摒弃"必然因果关系论",转向"相关因果关系论","对内幕信息的影响力不应作程度限制,不要求内幕信息对行为人交易决定的影响是唯一的,只要行为人获取的内幕信息对促使其交易决定有一定影响,即帮助其在一定程度上确信从事相关交易必定获得丰厚回报,就应当认定行为人是利用内幕信息从事内幕交易"。[2] 但由于必然因果关系理论对于刑罚归责的长久影响,以至于一些案件中辩护人甚至被告人也以不存在必然因果来抗辩,意图否定存在刑法上的因果关系,并进行出罪。

(一)以相关交易有正当信息来源来抗辩交易行为与内幕信息不具有因果关系

相关交易有正当理由或正当信息来源的情形是司法解释规定的法定出罪理由,其法理基础是行为的结果归责问题,我们前文已述,此处不再赘述。需要更务实研究的是,实践中司法认定如何把握"正当信息来源"的尺度,以及如何分配证明责任。与上节第(二)点以相关交易有正当理由或正当信息来源来否定交易异常性相比,以同样的理由来否定行为与内幕信息之间的因果关系——否定"利用内幕信息",这虽是辩护的细微差异,却蕴含了包括基础事实、证明责任分配在内的事实认定和法律适用问题,所带来的辩护效果上有何

[1] 储槐植、汪永乐:《刑法因果关系研究》,载《中国法学》2001年第2期。
[2] 刘晓虎:《肖时庆受贿、内幕交易案》,载《刑事审判参考》(第85集),法律出版社2012年版,第6页。

不同？这是需要深入研究的。

在上节第(三)点中,我们探讨了芮某、张某内幕交易、泄露内幕信息案,该被告人张某以“相关交易存在正当理由,基于自身分析,不属于交易明显异常”作为上诉理由,而未被二审法院认可的案例。现在,我们再来研究一个案件,同样基于“有正当理由”而最终被判无罪。

案例　侯某丽、兰某内幕交易、泄露内幕信息案

检察机关指控:2014 年 7 月 28 日,龙某化工公司经他人介绍,与戴某达成框架性方案,龙某化工公司拟收购戴某控制的美国教育资产。

2014 年 9 月 12 日,龙某化工公司与戴某签订了《保密协议》与《合作备忘录》,确立合作事宜;2014 年 11 月 20 日,龙某化工公司发布《关于筹划重大资产重组的停牌公告》,龙某化工股票停牌;2015 年 5 月 8 日,龙某化工公司发布《关于终止筹划重大资产重组事项暨公司证券复牌公告》,龙某化工公司公告重组失败并复牌。经证监会认定,龙某化工公司拟收购美国教育资产事宜在公开被披露前属于内幕信息。上述内幕信息不晚于 2014 年 7 月 28 日形成,公开于 2015 年 5 月 8 日。

被告人兰某作为龙某化工董事长刘某的秘书,经证监会认定为该内幕信息知情人,其利用工作的便利,通过密拍收购文件、偷听收购信息的手段获知收购重组的内幕信息及重要时间节点,后进行内幕交易。

被告人侯某丽在内幕信息敏感期内,从兰某处刺探获知该信息,2014 年 9 月委托被告人兰某操作其个人账户大量买入“龙某化工”股票,10 月收回账户。2014 年 11 月 17 日至 19 日,被告人侯某丽让其亲属、朋友 8 人突击开立

证券账户,并借用陈某的证券账户后,将其本人资金分散至上述证券账户,突击买入“龙某化工”股票。被告人侯某丽在内幕信息敏感期内累计买入“龙某化工”股票202余万股,买入金额总计人民币1558余万元,非法获利人民币177余万元。

检察机关据此指控被告人侯某丽、兰某的行为构成内幕交易罪。

被告人侯某丽辩称:(1)其没有向被告人兰某刺探龙某化工重组的事,其是在网上看到相关消息的;(2)其让亲戚朋友开立账户是为躲避三角债务;(3)买入股票的金额其可以承受,不属于重大金额。

其辩护人的主要辩护意见:一是指控侯某丽从被告人兰某处刺探获知内幕信息的证据不足;二是侯某丽不符合内幕交易罪的主体要件;三是侯某丽获知的内幕信息与其股票交易行为之间不具有必然性和因果关系。请求宣告被告人侯某丽无罪。

仔细对比与芮某、张某内幕交易、泄露内幕信息案的证据事实差异:

(1)在芮某、张某内幕交易、泄露内幕信息案中,张某知悉内幕信息。虽然张某辩解交易有其他合理理由支持,但作为内幕信息源——芮某在侦查机关供述将知道的内幕信息都告诉了张某;张某也供述,芮某让其关注“南通科技”。

(2)在兰某、侯某丽内幕交易案中,无证据证明侯某丽知悉内幕信息。指控的侯某丽的内幕信息源(本案中同案犯非法获取内幕信息人员兰某),以及侯某丽的供述,均否认了检方指控的“侯某丽从兰某处刺探内幕信息”的事实。

基于两起案件基础事实的不同,审判机关对行为归责的关键——因果关系(利用内幕信息)进行了证明责任分配:

在张某案中,虽然张某提出了相关证据(包括公证书、网络上的关于内幕信息的材料),但法院认为“不能确认是其长期观察跟踪分析南通科技股票走势的事实”——不能排除利用内幕信息进行交易(交易行为和内幕信息之间的因果关系),在将该证明责任分配给被告人的同时,也对辩方的证明标准予以了宽容——辩方应提出合理怀疑,因张某不能证明其曾接触过这些网络信息,而造成其对“是利用公开信息而交易”这一待证事实的证明达不到抗辩所要求的证明标准,最终没有被认定。

而侯某丽案中,因为欠缺侯某丽知悉内幕信息的基础事实,在被告人提出依据其他来源进行交易之时,且对异常交易有合理解释——后面大额突击买入的原因,系因之前兰某代炒股而获利,继续购买的行为;利用他人账户进行买卖,是为了避免公告等原因。在此情况下,审判机关将对“利用内幕信息或利用公开信息”之因果关系待证事项的证明责任分配给了公诉机关。

最终,审判机关认为,对于被告人侯某丽所辩从网上得知龙某化工可能重组的消息,对此,在卷证据《东方财富网股吧——龙某化工吧网页》显示,龙某化工公司有关“重组、收购”信息,在2014年8月底至11月20日停牌公告期间,曾多次在该股吧有显示和讨论。如2014年8月29日“重组股有先兆停牌前暴涨如长城电脑、万好万家”,2014年9月2日“最佳整合:重组+拉升=发财”,2014年11月12日“今天听龙某公司的朋友说要收购”。法院认为,现有证据不能排除被告人侯某丽从网络得知龙某化工可能发生“重组、收购”信息的辩解。对于起诉书指控侯某丽在龙某化工股票停牌前,利用亲属朋友突击开立证券账户,大量买入龙某化工股票的事实,相关证据证明该事实属实,侯某丽辩解称系为了躲避三角债务。法院认为,侯某丽的该交易行为确属反常,但综合全案证据,认定被告人侯某丽属于非法获取内幕信息的人员应查明“内幕信息”来源,现侯某丽从何处得到的“内幕信息”不明,认定其属于非法获取内幕信息的人员,并构成内幕交易罪的证据不足。侯某丽被判决无罪,该案也成为内幕交易案件中少数无罪的案件。

（二）利用交易系基于独立分析判断来抗辩交易行为与内幕信息直接存在因果关系

股票交易系基于“独立分析判断”阻却了相关交易行为和内幕信息之间得以归责的刑法上的因果关系，也是较为常见的内幕交易行为抗辩的理由。类似的表述包括“个人专业判断”“炒股经验”“市场行情分析”“依靠技术判断”等。独立分析判断是内幕交易前期调查中抗辩中使用频率最高的抗辩理由，但从案例来看，独立分析判断很难获得支撑，因该辩点虽可能对交易作出合理性解释，但不足以解释交易的异常性，更不是否定知悉内幕信息或与内幕信息源有接触、联系，属于密切关系人的证据。

在行政处罚案例中，“根据实证分析和归纳总结的结果，证监会在处理该类案件时主要从考察当事人是否知悉内幕信息的角度来考虑该抗辩事由是否合理。如果行为人有证据证明其在完全不知悉内幕信息的情况下，也会从事相同的交易行为，则可以认定行为人确实依据独立分析判断进行交易，否则便不能阻却违法性。”[1]而刑事案件中，司法解释对此的出罪理由作出了正面的规定，“按照事先订立的书面合同、指令、计划从事相关证券、期货交易的”，以事先的书面合同、指令、计划来否定内幕信息的影响，并且不允许在知悉内幕信息或接触/联系内幕信息知情人时进行变动原书面合同、指令、计划。

在林某忠、陈某洪内幕交易、泄露内幕信息案中，林某忠及其辩护人辩称，林某忠作为一个专业股票分析师、资深炒股人员及大学证券投资课程教师，长期关注并从事重组题材股票交易，多次准确判断宝诚股份、ST 成霖、ST 白猫

〔1〕 齐萌、刘博：《内幕交易抗辩事由：实证分析与法律规则》，载《财经法学》2022 年第 2 期。

等股票停牌重组。其根据银润投资的盈利情况等公开信息,足以判断出银润投资是优质的壳资源,日后必然重组。[1] 虽然该案被告人及辩护人也提供了被告人之前"准确"判断重组停牌的案例,但司法机关在认定相关交易与内幕信息因果关系阻断事由的辩解能否成立上,遵循着严苛的标准。该案的两级承办法官认为:"本案被告人林某忠作为一个长期从事证券研究和股票交易的专业人员,不排除其能根据银润投资的基本面及公开信息判断出该公司是优质的壳资源以及日后具有较大的重组可能性。"但是,"专业技术水平高不等于可以准确判断何时重组"。"确定重组的可期待性之后仍要面临何时重组的问题",又由于"持股等待时间的长短与收益密切相关","专业技术判断与获得内幕信息可以同时影响或促成股票交易"。[2] 为实现从严打击证券、期货犯罪的目的,该案延续了肖某庆内幕交易案的裁判观点——"对内幕信息的影响力不应作程度限制,不要求内幕信息对行为人交易决定的影响是唯一的,只要行为人获取的内幕信息对促使其交易决定有一定影响,即帮助其在一定程度上确信从事相关交易必定获得丰厚回报,就应当认定行为人是利用内幕信息从事内幕交易",[3] 该案更是进一步指出,"在认定某一股票交易行为是否构成内幕交易时,关键在于行为人是否获得相关内幕信息并进行了股票交易,而不在于行为人之前对该股票是否看好或证券交易水平的高低"。正如一些实务人员所言,内幕交易罪刑法因果关系采取的是"相关因果关系"而不是"必然因果关系"。

---

[1] 参见福建省高级人民法院(2017)闽刑终43号刑事裁定书。

[2] 参见刘震、吴成杰:《涉内幕信息犯罪案件中相关问题的认定》,载《人民司法·案例》2018年第23期。

[3] 刘晓虎:《肖时庆受贿、内幕交易案》,载《刑事审判参考》(第85集),法律出版社2012年版,第6页。

(三)以相关交易纯属巧合或偶然而对行为结果与内幕信息之间因果关系提出抗辩

在刑事案件中以相关交易“纯属巧合或偶然”进行抗辩并不多见,仅在广某某内幕交易案的二审中,上诉人广某某的辩护人提出行为人系“因资金紧张而按照事先计划减持账户的股票,减持时间与内幕信息敏感期重合属实巧合,与内幕信息无因果关系”的辩护意见,而法庭经审理,紧扣时间的吻合程度、交易的背离程度、利益的关联程度三个维度综合认定广某某帮助谭某抛售英唐智控股票的行为属于“相关交易行为明显异常”,进而驳回了广某某辩护人的辩护意见。

该辩点较少使用的原因可能有两方面:一是因为内幕交易类犯罪是行政监管机关现行行政调查和处罚,需要追究刑事责任的,再移送公安机关处理。在行政调查阶段,对于一些确有证据排除内幕信息因果关系的巧合,便不再转入刑事程序;二是该辩点本身并非一个言之有物的辩解理由,单纯提起并无意义,在实际案例中,被告人或辩护人可能很难言之有据地提出。比如上述案例中,辩护人就首先提出了交易系基于事先的交易计划和安排。

(四)以卖出行为非本人实施而对交易结果的归责提出抗辩

内幕交易类案件是情节犯,犯罪数额、获利结果、作案次数等均是影响立案追诉、量刑轻重的情节。在量刑辩护中,行为人或辩护人从违法所得等方面提出抗辩除了前文所介绍的对内幕信息价格敏感期的形成日期提出抗辩,期望缩短内幕信息价格敏感期间,整体减少交易数额的辩护思路之外,在违法所得的抗辩上也有结果归责—因果关系上的抗辩。如在建议买卖型内幕交易的情况下,行为人以自身仅参与了前半部分行为,未约定利润分配,相关股票的卖出时机是由他人自行操作,行为人不应对他人卖出操作的结果负责为由,主张仅应对买入交易金额负责,不应对获利金额负责。如在洪某内幕交易案中,检察机关指控,被告人洪某在得知该内幕消息后,于 2017 年 6 月 26 日至 7 月 5 日,操纵曹某、沈某、徐某、谷某等人名下 7 个证券账户买入弘信电子股票 207 万股,成交金额 9088 余万元人民币,后卖出 2, 079, 126 股,成交金额 9864 万元,扣除交易费用合计盈利 805 万余元。另外,被告人洪某在上述期间使用吴某证券账户买入弘信电子股票 25, 000 股未卖出。在二审期间,被告人洪某提出其操纵曹某等人的 6 个账户所进行的股票交易行为均系买入行为,而卖出股票的行为均为账户所有人本人所为,由此即使认定洪某构成内幕交易罪,也仅宜将沈某账户交易所得利润认定为洪某违法所得,应为 130, 242. 77 元。但二审法院基于共同犯罪结果归责及于全部共犯人的理论,认为“对于洪某操纵曹某等人的 6 个账户所购买的股票,虽卖出股票的行为系账户所有人所为,但因洪某违反相关从业规定与账户所有人‘合作’非法进行股票交易在先,其就有承担法律后果的义务和责任。故对辩护人所提仅将沈某账户交易所得利润认定为洪某违法所得的辩护意见本院不予采纳”。〔1〕

七、违法所得方面的抗辩理由

内幕交易类案件的刑事责任包括财产刑,而且由于内幕交易案件通常涉

〔1〕 参见辽宁省高级人民法院(2020)辽刑终 249 号刑事裁定书。

案金额巨大,罚金刑往往干系当事人大额财产支出,从维护当事人利益角度来说,即便在无罪辩护不满足条件情况下,尽量从犯罪所得做量刑辩护也是辩护工作的应有之义。在违法所得方面的辩点之中,既有此类案件司法认定方面一直存在的疑难问题,也有一些涉及刑法总论内容方面的问题。

特别说明三点:(1)根据《内幕交易司法解释》的规定,“违法所得”是指通过内幕交易行为所获利益或者避免的损失。这部分容易产生歧义。如果主张是行为人实际获利,特别是在共谋内幕交易的情况下,因牵扯非法获利的分配,行为人犯罪实际所得只是内幕交易行为所获全部利益的部分;(2)泄露内幕信息或建议交易型内幕交易,因行为人没有违法所得(否则便是合谋进行内幕交易),此种情况下,司法解释规定了罚金数额按照因泄露而获悉内幕信息人员或者被明示、暗示人员从事内幕交易的违法所得计算;(3)同时,司法解释又规定了同一案件中,同案犯罚金数额合并计算后总额不能低于违法所得的1倍,不能超过违法所得的5倍。

(一)一审判决前尚未出售股票的违法所得计算问题

行为人一审判决前尚有未出售股票分为两种情况:一种是交易的标的股票均未出售的情况;另一种是出售了部分股票,还剩余部分股票未卖出。对于第一种情况的辩护角度,实践中又有从行为违法性阻却——不具有利用内幕交易谋利的主观故意、从主观恶性较小作量刑辩护、从犯罪形态——获利未遂作量刑辩护三种辩护策略选择。关于前两种辩护策略,不能说不对,但因牵扯不同的内幕交易规制理论基础,可能选择路径和有效性会不同。我们已经在前文相应章节有提及和论述,此不赘述。此处我们仅从此种情况下犯罪数额这一辩点出发,来看实际案例中司法认定的观点。

在最高人民检察院发布的金融犯罪指导性案例——段某内幕交易案[1]中，检察机关和审判机关对一审判决前尚未出售股票的违法所得计算有一致认识，司法机关对此采取的是“市场吸收原则”来认定账面获利和内幕信息之间的因果关系，并将此作为犯罪的违法所得，形成针对这一情况下的裁判要旨——在内幕交易案件中，涉案股票在一审宣判前尚未售出的，应当以内幕信息对股票交易价格有无影响及内幕交易行为与违法所得有无因果关系为标准，按涉案股票复牌后第一个收盘价打开涨停交易日的收盘价计算余股市值，将它减去被告人买入时此部分股票市值所得差额，即涉案股票的账面盈利，认定为被告人通过内幕交易行为所获得的违法所得。

所谓“第一个收盘价打开涨停交易日的收盘价”是股市专业术语，简单来说是指内幕信息公开后，第一次收盘价低于涨停价，过程中的价格波动不算，比如过程中价格打开了，但是收盘时又封回去了，就不算“收盘价打开涨停价”。

实际案例中，因为认定的时间基点是“一审判决前”，所以，如果案发后的某个股价低于上述“第一个收盘价打开涨停交易日的收盘价”，此种情况下，被告人或辩护人应主动或建议被告人授权家属全部卖出标的股票，以实际获利来计算违法所得，以追求违法所得认定上的较轻结果，进而寻求较少的财产刑。如相关股票账户被冻结，也可视情申请侦查机关或检察机关允许进行卖出交易，以提前退赃。

---

[1] 北京市第二中级人民法院(2016)京02刑初82号刑事判决书，参见最高人民检察院政策研究室：《金融犯罪指导性案例实务指引》，中国检察出版社2018年版。

(二)内幕交易亏损下罚金刑

如果进行内幕交易,在内幕信息公告后卖出,并未获得盈利或出现亏损的情况下,根据实际成交差额规则,行为人应视为无违法所得。而根据《刑法》第一百八十条规定,对内幕交易、泄露内幕信息罪的,可并处或单处罚金刑,罚金刑标准是违法所得的1倍以上5倍以下。而《证券法》第一百九十条规定,从事内幕交易的,责令依法处理非法持有的证券,没收违法所得,并处以违法所得1倍以上10倍以下的罚款;没有违法所得或者违法所得不足50万元的,处以50万元以上500万元以下的罚款。

如果内幕交易无违法所得的,或者泄露内幕信息导致他人从事内幕交易,但实际进行内幕交易人无违法所得的,行为人或辩护人(代理人)可分情况提出抗辩。如在刑事审判程序中,可依据《刑法》规定主张不应判处财产刑,但应慎重提出该主张,特别是在前期未受到行政处罚的情况下,可能存在程序回转——刑事案件结案后,继续转入行政处罚程序;如前期已进行过行政处罚,则可主张行政罚款折抵罚金,或依据《刑法》规定主张不应进行并处罚金刑。

实际案例中,有案例依据交易金额确定基准刑或升格刑,并依据法条予以酌情并处罚金,关注了法条对于"可并处"的规定,但忽视了此种情况下"违法所得"实际是零的客观情况。但此时被告人和辩护人针对罚金刑提辩护意见应慎之又慎,特别是可能牵扯是否执行缓刑的情况下。如在吴某某内幕交易案[1]中,被告人吴某某在得知"新大陆公司拟收购冠林科技"的内幕信息之后,集中操纵使用3个证券账户分别于2013年5月30日、31日合计买入新大

〔1〕 参见福建省福州市中级人民法院(2015)榕刑初字第182号刑事判决书。

陆股票 174.93 万股，成交金额 2649.19 万元，后因证监会介入调查，重组失败后亏损 134.47 万元。法院最终判处被告人有期徒刑三年，缓刑四年，并处罚金人民币 20 万元。

（三）共同犯罪情况下违法所得的计算

《内幕交易司法解释》第九条第二款规定了内幕交易类犯罪共同犯罪情况下定罪处罚的依据问题，规定："构成共同犯罪的，按照共同犯罪行为人的成交总额、占用保证金总额、获利或者避免损失总额定罪处罚，但判处各被告人罚金的总额应掌握在获利或者避免损失总额的一倍以上五倍以下"。关于该条及刑法总论中主从犯的规定应作如下理解：

在是否构成升格刑方面，应依据共犯理论——共同犯罪的，犯罪结果归责及于全部共犯人，进行确定量刑幅度；在如何适用罚金刑方面，应依据司法解释的规定，按照共同犯罪获利或避免损失的总额确定每位行为人的"违法所得"，但在全部共犯的罚金总额上，最高不能超过违法所得的 5 倍；在区分主犯从犯方面，仍然适用刑法总则的规定，按照具体行为人的犯罪作用进行区分。

在张某业内幕交易案中，[1]针对被告人张某业的辩护人所提张某业的违法所得为全部获利的一半的辩护意见，审判法院认为，张某业利用他人股票账户交易获利都是违法所得，非法获利后的分配方式不影响对违法所得的认定，不予采纳辩护人意见。

---

〔1〕 参见四川省成都市中级人民法院(2016)川 01 刑初 00008 号刑事判决书。

(四)行为人既泄露内幕信息给他人,又自己进行内幕交易,其违法所得的确认问题

《内幕交易司法解释》第十条第二款规定:“内幕信息的泄露人员或者内幕交易的明示、暗示人员未实际从事内幕交易的,其罚金数额按照因泄露而获悉内幕信息人员或者被明示、暗示人员从事内幕交易的违法所得计算。”如果行为人既存在泄露内幕信息或明示、暗示他人从事内幕交易,同时自己又从事内幕交易的,其违法所得应合并计算。相应地,其量刑依据也应以合并计算的金额进行确认,并且在成交总额、占用保证金总额、获利或者避免损失总额中采取择重适用的原则。

在韩某内幕交易、泄露内幕信息案中便充分体现了这一规则。2012 年 3 月,被告人韩某与唐某生、杨某生(均另案处理)口头约定由被告人韩某提供股票内幕信息,唐某生提供资金,杨某生具体操作股票的方式合伙利用内幕信息进行股票交易。同年 4 月 6 日,被告人韩某与杨某生电话联系时将时代科技公司重组的内幕信息泄露给杨某生。4 月 9 日,杨某生操作“唐某生”“陈某”账户买入时代科技股票 1, 633, 686 股,交易金额 9, 432, 237 元。同日,杨某生操作自己的账户买入时代科技股票 49 × × ×00 股,交易金额 282, 645 元,合计买入股票 1, 683, 186 股,交易金额 9, 714, 882 元。4 月 15 日,被告人韩某与唐某生签订股票操作协议一份,约定盈亏各半。后唐某生和杨某生于同年 5 月 9 日至 8 月 3 日抛售上述股票,亏损约 300 万元。[1]

案件审理中,被告人韩某的辩护人提出杨某生个人买入的股票不应认定

〔1〕 参见浙江省绍兴市中级人民法院(2014)浙绍刑初字第 12 号刑事判决书。

为韩某的犯罪数额。审判机关认为:经查,杨某生个人账户买入时代科技股票的信息,亦来自韩某,应计入韩某的犯罪数额。

(五)交叉买卖下违法所得的计算问题——结合有利于被告人原则的辩点

内幕交易类案件中一个复杂的情况是行为人在内幕信息价格敏感期内的相关交易操作有买入也有卖出标的股票,此种情况下“如何计算违法所得”可以用另一个问题替代——内幕信息价格敏感期内,与依据内幕信息理性决策相反的操作是否应算入内幕交易的获利或避免损失?如行为人知悉某利好性内幕信息,在内幕信息价格敏感期内,买入目标股票,公告前,见价格上涨,又卖出了部分股票,后又继续买入该股票,直至公告后抛售获利。公告前卖出部分的获利是否应计入违法所得?一种观点是不应计入,因其不符合通常理解的内幕交易惯常手段——“敏感期内买入,公告后卖出”;另一种观点认为应当计入,因其获利与利用内幕信息买入有关。

在冯某明、谢某内幕交易案中,德赛公司资产重组相关事项为本案内幕信息,内幕信息敏感期为2011年11月8日至2012年2月20日,被告人冯某明作为德赛公司总经理及资产重组项目的主要负责人,为该内幕信息知情人员。

2011年11月底,冯某明决定向他人借款购买德赛电池股票,并授意其女朋友谢某、李某某以他人名义开立证券账户供其使用。经查:被告人冯某明所控制、使用的账户交易情况如下:2011年11月8日至2012年2月9日,车某某的证券账户01×××48买入德赛电池股票计136,424股,买入金额计3,099,211.31元,对应卖出计136,424股,卖出金额计3,153,570.65元,实际盈利金额计32,447.42元;李某某的证券账户01×××12买入德赛电池股票计439,290股,买入金额计10,624,286.30元,对应卖出计439,290股,卖出金额计 10,620,330.35 元,实际盈利金额计 -78,310.13 元;刘某某的证券账户 01×××××24 买入德赛电池股票计 723,106 股,买入金额计 15,767,415.94 元,对应卖出计 723,106 股,卖出金额计 24,897,466.23 元,实际盈利金额计 9,030,408.18元;张某某的证券账户 01×××58 买入德赛电池股票计 715,663 股,买入金额计 15,789,125.99 元,对应卖出计 715,663 股,卖出金额计 25,167,139.29 元,实际盈利金额计 9,391,001.54 元。

一审判决后,被告人冯某明以认定的获利金额错误等理由提出上诉。推其原因,应当是对公告前卖出股票获利部分被计入犯罪总获利不认可。但审判机关认为,"关于涉案获利金额的认定问题。经查,张某某、刘某某、李某某、车某某的涉案证券账户在本案内幕信息敏感期内大量买入德赛电池股票并在案发前全部卖出。深圳证券交易所在核算上述涉案证券账户实际交易记录的相关数据的基础上,根据上述涉案证券账户在内幕信息敏感期间购买的德赛电池股票所对应的卖出金额扣减期间买入股票金额和交易税费再加上股息收益计算得出实际获利金额,其中对应卖出金额按照先进先出法计算获利金额为 1921 万余元,以'后进先出法'计算获利金额为 1837 万余元。原判根据现有证据情况并按照有利于被告人的原则认定涉案获利金额为 1837 万余元依据充分。冯某明及其辩护人对此提出质疑理据不足,不予采纳"。

显然,该案中,审判机关所持观点是上述第二种观点,综合认为既然买入交易是利用内幕信息,那么获利结果便可归责于内幕交易行为。这种归责逻辑在宏观上是具有法理解释性的,所以被告人及辩护人的辩解难以被支持。但一个细节是,即便这样仍有对被告人有利的裁判观点可以利用——在"先进先出"和"后进先出"两种算法之间作出有利于被告人的选择。所谓"先进先出""后进先出"是在买入、卖出操作频繁的交叉期间,如果每次卖出操作不是清仓式卖出,那么在计算获利时,可以对所卖出的股票系哪次交易时买入的进行主张,从而寻求减少总获利金额。辩护人在遇到此种案件时,要有“计算方法最优”的意识,从而提出有利于被告人的主张,在提出证据时,可结合交易记录,以会计审计报告的方式递交不同计算方法下的获利结果,以争取审判机关的支持。

八、证券监督管理部门出具的认定函、调查报告等材料的证据资格问题

内幕交易类案件关于证据采信方面在案例中遇到的最多辩点是证券监督管理部门出具的认定函、调查报告的证据资格问题——虽然在实务层面上这似乎不是个问题,但仍需要作出学术上的解释,以服务于裁判的说服力。

(一)行政认定函在内幕交易类案件中的重要作用

学者李伟曾通过实证研究的方法对36份内幕交易刑事判决书中有关“行政认定函”的问题进行专题研究,发现36个案件中有30个案件出现了证监会出具的“行政认定函”,其他6个案件案情则相对简单且多数案件被告对侦查机关的认定事实没有异议。这些《行政认定函》涉及对“内幕信息”、“内幕交易知情人”、“内幕信息价格敏感期”以及“内幕交易行为”等专业问题的认定,且被法院均以此作为对被告人定罪量刑的证据使用。其中,有8起案件辩护律师对《行政认定函》的证据属性提出质疑,但法院均未采纳辩护律师的意见,而是将《行政认定函》作为定案依据——证监会《行政认定函》在内幕交易刑

事司法实践的重要性可见一斑。[1]

(二)证券监督管理部门出具的《行政认定函》是否具有证据资格

所谓证据资格,是指在法庭审理中为证明案件事实而将有关材料作为证据使用的资格。具有证据资格的,可以被用作裁判的依据;反之,不能作为裁判的依据。

本书认为《行政认定函》(行政认定意见)不属于证据,不能作为定案的依据,但可以作为定案的参考。理由如下:

首先,《行政认定函》难以被归于刑事证据种类之中。《刑事诉讼法》第五十条[2]规定了刑事诉讼中"证据"的概念、分类、资格要求,在八种刑事证据种类中,有观点认为可以将《行政认定函》归于书证(或准书证)或证人证言或鉴定意见。我们认为均不妥。不可归于书证或证人证言是因为这两类证据均要求具有"历史性"或"亲历性",而《行政认定函》是行政机关于案发后所作出的,不具有"历史性";不可归于鉴定意见之中,是因为鉴定意见是对专业问题

[1] 参见王雨晨、崔境桐:《内幕交易罪证监会"行政认定函"的证据属性与审查判断》,载微信公众号"上海问道有诚律师事务所"。

[2] 《刑事诉讼法》第五十条规定:可以用于证明案件事实的材料,都是证据。

证据包括:

(一)物证;

(二)书证;

(三)证人证言;

(四)被害人陈述;

(五)犯罪嫌疑人、被告人供述和辩解;

(六)鉴定意见;

(七)勘验、检查、辨认、侦查实验等笔录;

(八)视听资料、电子数据。

证据必须经过查证属实,才能作为定案的根据。

出具的科学的意见,具有客观性,其背后有完整的鉴定程序、鉴定方法、鉴定标准等支撑,而《行政认定函》具有一定的调查人员的主观性。最重要的是,在鉴定主体和资质上,行政认定函无法达到鉴定意见所要求的主体资格。

其次,《行政认定函》与专家论证意见相类比。《行政认定函》其法律出处源自最高人民法院、最高人民检察院、公安部、中国证监会联合出台的具有司法解释效力的规范文件——《关于办理证券期货违法犯罪案件工作若干问题的意见》(证监发〔2011〕30号),其中第四条关于规范部门协助规定:"证券监管机构可以根据司法机关办案需要,依法就案件涉及的证券期货专业问题向司法机关出具认定意见"。所以,《行政认定函》的本质是行政机关认定意见。在性质上,其与专家论证意见既有相同点,又有不同点。相同点是二者均不属于证据范畴,仅能作为审判参考意见。众多刑民案件中均认为专家论证意见不属于证据范畴,不是认定案件的依据。最高人民法院也指出,专家论证法律意见书系专家观点意见,不能作为认定客观事实的根据,不属于《民事诉讼法》第六十三条规定的证据。[1] 不同点有二:其一是《行政认定函》属于控方意见,专家论证意见既可为控方意见,也可为辩方意见;其二是《行政认定函》属于法律规定应当参考的意见,而专家论证意见是否被纳入审判人员参考范围不确定。浙江省高级人民法院研究室曾经做过一项调查,其结果显示大约有69%的法官会阅读并重视专家的意见,10%的法官向领导汇报,只有少数法官对专家意见置之不理。[2]

最后,在证据规则上也难以支持将《行政认定函》作为证据。《刑事诉讼法》规定,证据未经查证属实的,不得作为定案依据。我们反向思考,如果将《行政认定函》作为证据,只要其是有权行政机关依法出具的,其便可以作为定案依据。

〔1〕 参见申请再审人贵州西洋肥业有限公司与被申请人杨某亮、刘某全股权纠纷申请再审民事裁定书,最高人民法院(2012)民申字第526号。

〔2〕 白蕊:《论专家论证意见书的证据力》,载内蒙古长安网。

而《行政认定函》对于认定的事项——审判中需要查明的待证事实应当是作出全面的、对于控方积极的认定，在缺少证据规则的情况下，面对被告人的辩解、证人证言、书证等其他证据对于该待证事实可能出现的反证，审判机关如何认定待证事实便成了司法难题，实际上也无法形成这样的证据规则。

（三）裁判要旨及司法导向

1. 冯某明、陈某霞、陈某芳、高某内幕交易案中审判机关认为行政机关认定意见需要司法审查，在证据“三性”没有问题后，可以作为定案依据。

发生于 2011 年的冯某明、陈某霞、陈某芳、高某内幕交易案，于 2015 年 3 月 23 日由深圳市中级人民法院作出一审判决，被告人冯某明不服上诉，深圳市人民检察院提出抗诉建议，广东省人民检察院后撤回抗诉，2015 年 12 月 3 日广东省高级人民法院作出终审裁定，驳回上诉，维持原判。在一审及二审中，被告人冯某明及陈某霞均对证监会《认定函》及《复函》的证据资格问题提出质疑，同时还质疑《认定函》《复函》内容的合理性。二人及辩护人认为，“中国证监会《认定函》认定的‘广电集团改革重组’、‘台网分离’以及证监会《复函》认定的‘人员分流’不是内幕信息，仅‘天宝公司和天隆公司并入天威视讯公司’属于内幕信息，且天宝公司何时、以何种方式并入才是关键所在”，“证监会的《认定函》及《复函》不应作为定案依据，且认定内幕信息依据的原理有违生活经验法则”。本案被告人从实质（内容客观性）和形式（证据资格）两个方面对证监会《认定函》及《复函》提出了质证意见。审判机关认为，“行政机关依据在行政执法过程中搜集的实物证据，基于其专业知识、经验的把握而出具的认定意见，经司法机关审查后，对于具有客观性、真实性、合法性的内容，司法机关可以依法采纳并作为定案依据”。[1]

此案中,审判机关没有对行政机关的认定意见径直采纳,而是提出司法审查“三性”没问题后可以采纳,体现了审判权和行政权的分离。

2. 陈某红泄露内幕信息、刘某内幕交易案则从司法权否定行政权的视角,既否定了行政认定意见的证据属性,阐明了行政认定意见仅具有参考意义。

发生于2013年的陈某红泄露内幕信息、刘某内幕交易案,于2015年12月11日作出(2015)沪一中刑初字第141号刑事判决,原判未采用中国证券监督管理委员会上海稽查局(以下简称上海稽查局)的调查报告和会计师事务所的司法鉴定意见关于内幕信息敏感期起始时间为2013年9月5日的鉴定结论,而以2013年8月为内幕信息敏感期起始时间,即一审法院认为内幕信息价格敏感期的时间早于上海稽查局的《调查报告》及《司法鉴定意见》所认定的时间。该案中一个细节是在一审法院裁判文书的证据中,有《司法鉴定意见》,但无上海稽查局的《调查报告》,可见审判机关否定了《调查报告》的证据属性。

被告人陈某红以审判机关未采信《调查报告》及《司法鉴定意见》所认定的内幕信息价格敏感期起始时间为由,提出上诉。二审法院上海市高级人民法院在阐述了对内幕信息重大性形成判断的事实和理由后,认为“对于稽查局的调查报告和司法鉴定意见将内幕信息形成时间认定为2013年9月5日的结论,法院认为,司法机关对于证券违法犯罪行为具有独立判断权力,对调查报告和鉴定意见中的客观内容予以采纳并进行独立的刑事认定符合法律规定”。[2]

上述两起案件体现了审判机关对包括内幕交易罪在内的证券犯罪中行政

---

〔1〕 参见赵靓:《泄露内幕信息罪、内幕交易罪的认定——冯方明、陈晓霞、陈晓芳、高峰内幕交易案》,载《法律适用·司法案例》2017年第24期。

〔2〕 参见上海市高级人民法院(2015)沪高刑终字第140号刑事裁定书。

认定意见证据属性及法律适用规则的逐步认识过程，也为辩护人在此类案件中充分发挥辩护作用提供了借鉴思路。首先，辩护人应充分释明《行政认定函》不具有证据属性；其次，应强调司法机关的独立审查判断权；最后，对于所认定的内容，应结合被告人所提的事实和理由，以专家辅助意见、辩护人质证意见等方式与行政认定函中的认定意见进行有针对性的对抗，引导或建议审判机关将有关问题作为案件争议焦点予以查明。

九、其他一些额外的思考

（一）内幕交易、泄露内幕信息罪是否有犯罪未完成形态？如何利用刑法总则关于犯罪形态的理论争取更好辩护效果

公安部经侦局杨书文同志在阐述经济犯罪的风险性及经济犯罪刑事立法趋势时认为，“风险性成为描述当前我国经济犯罪特征的一个重要关键词”，“在风险社会中，刑法不应再为报应和谴责而惩罚，而主要是为控制风险而威慑，其功能定位由事后打击、以恶制恶的报应手段，变为事先主动出击、积极防范的功利工具”，〔1〕认同清华大学劳东燕教授的观点——“控制和预防风险成为刑法的首要使命”。〔2〕 刑法理论上对罪名有不同分类，包括行为犯、结果犯、危险犯（包括具体的危险犯、抽象的危险犯）等，普遍认为内幕交易、泄露内幕信息罪属于抽象的危险犯，因从经验上认为内幕交易行为具有引发证券市

〔1〕 杨书文：《试议经济犯罪的风险性与经济刑法的扩张化——兼及晚近刑事立法中的经济犯罪》，载《江西警察学院学报》2017 年第 5 期。

〔2〕 劳东燕：《风险社会中的刑法：社会转型与刑法理论的变迁》，北京大学出版社 2015 年版，第 44 页。

场稳定甚至破坏金融稳定的风险性。

北京大学王新教授在比较境内外关于内幕交易罪的立法模式后，指出：不同于德日等大陆法系国家所规定的符合内幕交易构成要件的行为即构成犯罪，我国虽然也认为内幕交易罪属于危险犯（王新教授认为内幕交易罪属于具体的危险犯），但由于我国行刑衔接的体制，以立案追诉标准〔1〕实质上起到了对包括内幕交易罪在内的一些经济犯罪罪名罪与非罪的划分作用。并进一步指出，"内幕交易罪为具体危险犯，成立及既遂标准亦是一种价值判断，源于社会生活经验对于法益损害可能性的评估。立法将内幕交易罪设定为情节犯，以法定的行为实行完毕作为既遂标准。从立法规定内幕交易罪的字面含义来看，既遂与否不以行为人主观目的获利或避损的实现为标准，而以行为人一旦利用内幕信息在内幕信息敏感期内从事买或卖证券、期货交易的，立法设定的危险出现为标准。然并未否定行为成立犯罪尚未达到既遂，成立中止或未遂的存在空间"。

该文中，王新教授所提出的一个问题对于内幕交易有关情节的辩护具有学理上的支持作用——"行为人在内幕信息敏感期内进行交易，于内幕信息未公告前又自动放弃利用内幕信息的行为，是否成立中止"这个问题与上海市第三中级人民法院所审判的陆某某内幕交易、泄露内幕信息案〔2〕法律问题一致。该案中，广东某新能源与深圳投资股权合作事项为内幕信息，内幕敏感期为2016年9月13日至2017年2月25日，被告人陆某某系内幕信息知情人员。2016年12月20日、21日，被告人陆某某实际控制其母何某某、其妻曹某某名下证券账户，买入深圳投资股票9.81万股，买入金额人民币91.06万余

〔1〕 注：指《最高人民检察院、公安部关于公安机关管辖的刑事案件立案追诉标准的规定（二）》。

〔2〕 参见上海市第三中级人民法院（2020）沪03刑初161号刑事判决书。

元。12月26日(停牌前,内幕信息公开前),被告人陆某某将上述股票全部卖出,从中获利1949.43元。当时的辩护策略是从主观恶性小的方式提出辩护,如果从犯罪中止形态上辩护,是否可行?王新教授的文章给出了理论支持。文章认为,从刑法条文上来看,内幕交易的犯罪构成不要求行为人有牟利的主观要件和客观要件,行为人知悉内幕信息,在内幕信息敏感期内进行交易目标证券,即构成本罪既遂状态。虽然有观点认为犯罪既遂后仍可成立犯罪中止,但为了与传统的刑法理论相一致,此种情况下可适用准中止概念,"认为行为已经既遂,不成立中止,而是依据其采取措施防止危险结果发生的情节在量刑中依照中止的量刑规定予以考量"。[1]

从辩护的角度上来说,与原来从主观恶意方面提出从轻处罚的辩护观点相比,从犯罪形态上提出辩护理由,且在理论及实务层面对相关问题仍有争议的情况下,一个是酌定从轻处罚情节,另一个是法定应当减轻处罚情节,结合"存疑有利于被告人"的原则,审判机关也许会给予更为慎重的量刑考虑。

(二)内幕交易犯罪辩护意见逻辑自洽与辩护效果是否存在最优兼容

这个问题比较绕口,直白些讲是内幕交易犯罪中作"骑墙式"辩护、"黑白式"辩护是否影响内幕交易罪辩护效果。众所周知,内幕交易罪的犯罪认定中存在依赖审判法官主观、经验等个体因素进行评价判断的内容,内幕交易罪的辩护存在很大空间,特别是在认定相关交易是否明显异常方面,通常成为"密切关系人""联络、接触"型犯罪主体案件中的争议焦点。于被告人来说,有很多无罪的观点和理由,又由于认罪认罚从宽刑事政策的实施,使得被告人又不

[1] 参见王新:《内幕交易罪危险犯性质及犯罪形态的探析》,载《中国刑事法杂志》2012年第3期。

知是否应当“冒险”提出无罪辩护观点，所以犹豫不决，又或者干脆采取被告人认罪、辩护人做无罪辩护的“黑白式”辩护策略，或者采取既做无罪辩解，又提从轻辩解的“骑墙式”辩护。

这种辩护策略是否可取？我们认为案情不同、证据不同、承办人员不同、律师也不同，可能都会有影响，不能一概而论。但总的一个原则是，如果无罪的证据和理由确实充分，应予以坚决提出，并且在审查起诉前就应当向检察机关提出。此时，兼提罪轻的辩护理由可能会弱化无罪理由的说服力。

（三）“禁止二次推定”证据规则的司法样态考察

“以是否有明确的法律规定为标准，推定可以分为事实推定和法律推定。”“以是否允许当事人提出反证加以推翻为标准，推定可以分为可反驳的推定和不可反驳的推定。”[1]内幕交易罪中“密切关系＋明显异常交易”及“积极联系＋明显异常交易”两种入罪模式属于法律推定和可反驳的推定。法律推定要求具备以下几个条件：一是适用该推定有法律依据；二是具备用以推定的基础事实，且已查证属实；三是允许反证反驳。

所谓“二次推定”，是指用第一次推定得出的“结论”，再进行一次推定。前一次推定可以是事实推定，也可能是法律推定。内幕交易类案件中二次推定的表现主要包括以下两种，一是将“密切关系”型或“积极联系”型明显异常交易行为推定为内幕交易，如果与交易行为人具有密切身份关系或联系的对象同时又是知悉内幕信息的人，则推定后者构成泄露内幕信息罪；二是将“密切关系”型或“积极联系”型明显异常交易行为推定为内幕交易，将其密切关

〔1〕 李玉华：《刑事诉讼证明中事实推定之运用》，载《现代法学》2005年第3期。

系人或与其有联系的人的异常交易,也推定为内幕交易。简单表述:推定一起内幕交易罪,向上推定泄露内幕信息罪,向下推定他人构成内幕交易。

刑事司法中,之所以要禁止二次推定,是因以此得出的"结论"已无法满足刑事诉讼活动所要求的"排除合理怀疑"的证明标准的要求。上述内幕交易类犯罪中从逻辑法则上来说存在逻辑错误的原因在于,在缺乏客观证据认定的情况下(事实认定),无法排除其他内幕信息知情人向交易者泄露内幕信息。

某地审理的王某、李某内幕交易案是禁止二次推定规则司法适用的正面典型案件。该案中王某、李某已离异,但仍以配偶关系共同生活。王某为内幕信息知情人,李某在内幕信息价格敏感期内从事相关交易。现有证据仅能证明王某、李某离婚后仍以配偶关系共同生活。一审法院认为李某与内幕信息知情人王某频繁联系,在内幕信息价格敏感期内进行内幕交易,结合接触时间与交易时间前后的紧密性,借用他人证券账户的隐蔽性,买入某电力股票的果断性,李某与该内幕信息有关的股票交易行为明显异常,且缺乏合理解释,构成内幕交易罪。但在对王某的行为进行评价时,一审公诉人从查明的证据分析出李某可能有四个信息源——个人分析、J某泄露、F某泄露、王某泄露,并逐一否定了前三个,留下了王某泄露内幕信息给李某的唯一可能。一审法院据以认定了王某向李某泄露内幕信息,又鉴于二人是事实婚姻状态,存在利益共同,一审法院认为王某同时构成内幕交易罪。二审法院支持了一审判决。

该案中,虽然基于密切关系基本上可以肯定是王某泄露了内幕信息给李某,但如缺乏证据支持,需要进行推定,就需要有推定所依据的法律——法律允许二次推定的行为。许是因为审判法院也认识到了此种认定逻辑缺乏法律支持,所以才以利益共同,在缺乏共谋内幕交易行为证据的情况下,将王某也以内幕交易罪入罪,也基于否定了其他三个信息源泄密的情形,但并没有定为泄露内幕信息罪。也就是说,本案中回避了二次推定,但是在王某构成共犯的认定上,是在缺乏直接证据的情况下,以现有的间接证据(可能信息源、排除事实、联系事实),运用经验法则进行对是否存在共谋共同犯罪这一待证事实进行的司法认定,而在排除合理怀疑(其他信息源泄露)的情况下,运用经验法则对一些细节问题进行认定,亦符合法律要求。

第八章

Chapter 8

内幕交易违法所得司法认定及实务

“违法所得”的概念与认定是刑事司法活动中的一个焦点问题，概因其往往关系着罪与非罪、量刑标准、追没财产范围等实际问题，有学者将此归纳为“违法所得”在刑法中的三种职能作用——量化追诉标准、影响刑罚裁量、关系追缴财产范围。内幕交易类案件中，违法所得的司法认定则极为重要，因其一方面承载着量刑职能，内幕交易类案件除了交易金额关系量刑外，违法所得是另一个关系量刑的情节，且根据司法解释，两种情形中择重处罚；另一方面，也干系着罚金刑处罚的基数。同时，内幕交易类犯罪的违法所得认定也极其复杂，不仅是因为案发时行为人对标的股票交易事实及持股状态影响违法所得认定，还包括数个内幕交易行为合并计算，以及这些内幕交易行为可能是利用的“利空型”内幕信息，也可能是利用的“利好型”内幕信息等情形的合并。此外，还涉及共同犯罪情况下，各行为人违法所得的认定。

在案例中，有被告人及辩护人从朴素的认识和客观事实出发，认为其个人实际获得的所得与指控或认定的违法所得不相符，据此提出辩解和辩护理由，质疑裁判的公正性。可以看出，违法所得的认定看似简单问题，但既不能僵化认定，缺乏法律说理与解释，对被告人认罪伏法产生消极影响；又不能随意宽松，背离了经济犯罪以违法所得作为社会危害性量化依据，进而科以刑罚、修补被破坏的法益的法理基础。

是以，有必要对内幕交易违法所得的司法认定予以专题研究，以更好、更全面地做好内幕交易类犯罪的刑事辩护工作。

一、违法所得的概念

“违法所得”不是个专业术语，笔者以“违法所得”为条件，在某法律法规数据库中“正文”中进行检索，法律、法规、司法解释、部门规章、规范性文件中，许多使用了“违法所得”的概念。

(一)“违法所得”的实体概念(部分)

1. 2017 年最高人民法院、最高人民检察院出台的《关于适用犯罪嫌疑人、被告人逃匿、死亡案件违法所得没收程序若干问题的规定》明确“通过实施犯罪直接或者间接产生、获得的认可财产，应当认定为刑事诉讼法第二百八十条第一款规定的‘违法所得’。”“违法所得已经部分或者全部转变、转化为其他财产的，转变、转化后的财产应当视为前款规定的‘违法所得’。”“来自违法所得转变、转化后的财产收益，或者来自已经与违法所得相混合财产中违法所得相应部分的收益，应当视为第一款规定的‘违法所得’。”虽然这是在特别程序中明确的“违法所得”的概念，但基于法律的推理可知，除非有法律特别规定，否则，该概念适用刑事诉讼中的全部概念，方能维持法秩序统一。

2.《人民检察院刑事诉讼规则》(2019 年)对“违法所得”的规定与《最高人民法院、最高人民检察院关于适用犯罪嫌疑人、被告人逃匿、死亡案件违法所得没收程序若干问题的规定》相关内容保持一致，系 2012 年版《人民检察院刑事诉讼规则》修订新增条款。从条款的内容来看，检察机关再次明确了“违法所得”实际上是“犯罪所得”。

第五百一十五条　犯罪嫌疑人、被告人通过实施犯罪直接或者间接产生、获得的任何财产，应当认定为“违法所得”。

违法所得已经部分或者全部转变、转化为其他财产的，转变、转化后的财产应当视为前款规定的“违法所得”。

来自违法所得转变、转化后的财产收益，或者来自已经与违法所得相混合财产中违法所得相应部分的收益,也应当视为第一款规定的违法所得。

3.《内幕交易司法解释》规定了内幕交易、泄露内幕信息罪中"违法所得"的定义,属于特殊条款。从条文内容上来说,兼容多次内幕交易行为合并计算条款的规定,突破了《人民检察院刑事诉讼规则》仅限于犯罪行为直接、间接产生和获得的财产的规定,更为重要的是依据内幕交易有时发生在避免损失情况下,突破"违法所得"的传统认识,将避免的损失规定为"违法所得"。可以说,在《内幕交易司法解释》仍未能较好解决共同犯罪情况下,罚金刑执行依据是"个人实得"还是"共同犯罪所得"的问题,并且对于"利用利好信息进行内幕交易,但案发时尚未出售或完全出售所买入的证券如何计算违法所得"的问题仍未有明确依据。

第十条　刑法第一百八十条第一款规定的"违法所得",是指通过内幕交易行为所获利益或者避免的损失。

内幕信息的泄露人员或者内幕交易的明示、暗示人员未实际从事内幕交易的,其罚金数额按照因泄露而获悉内幕信息人员或者被明示、暗示人员从事内幕交易的违法所得计算。

(二)"违法所得"的程序性规则

1.《国际刑事司法协助法》规定了认定"违法所得"的程序性要求。该条内容可以推断出,"违法所得"是需要有法律文书确认的。

第四十八条　向外国请求没收、返还违法所得及其他涉案财物的,请求书及所附材料应当根据需要载明下列事项:

(一)需要没收、返还的违法所得及其他涉案财物的名称、特性、外形和数量等;

(二)需要没收、返还的违法所得及其他涉案财物的地点。资金或者其他金融资产存放在金融机构中的，应当载明金融机构的名称、地址和账户信息；

（三）没收、返还的理由和相关权属证明；

（四）相关法律文书的副本；

（五）有关没收、返还以及利害关系人权利保障的法律规定；

（六）有助于执行请求的其他材料。

2.《最高人民法院关于适用〈中华人民共和国刑事诉讼法〉的解释》规定了庭审中对违法所得的认定程序以及利害关系人的救济途径，也即“违法所得”是庭审中应予审查的内容之一。

第二百七十九条　法庭审理过程中，应当对查封、扣押、冻结财物及其孳息的权属、来源等情况，是否属于违法所得或者依法应当追缴的其他涉案财物进行调查，由公诉人说明情况、出示证据、提出处理建议，并听取被告人、辩护人等诉讼参与人的意见。

案外人对查封、扣押、冻结的财物及其孳息提出权属异议的，人民法院应当听取案外人的意见；必要时，可以通知案外人出庭。

经审查，不能确认查封、扣押、冻结的财物及其孳息属于违法所得或者依法应当追缴的其他涉案财物的，不得没收。

（三）违法所得的法律后果

不管违法所得的概念如何界定，诚如最高人民法院法官们所总结的那样，违法所得的法律后果分为三个层面：一是旨在为罚金刑提供判罚基数；二是旨在提供定罪处罚标准；三是旨在明确没收财产的范围。[1]

---

〔1〕 参见刘晓虎、赵靓：《“违法所得”概念的界定和司法认定》，载《人民法院报》2018年7月4日，第6版。

1. 关系罚金刑的基数。罚金刑的执行有三种模式，一是限制自由裁量模式，二是开放式自由裁量模式，三是依据违法所得、销售金额、造成损失处罚模式。法条表述分别为："并处二万元以上二十万元以下罚金"；"并处或单处罚金"；"并处销售金额百分之五十以上二倍以下罚金""并处或者单处违法所得一倍以上五倍以下罚金"。"违法所得"是犯罪情节考量因素，在依据违法所得处以罚金的模式下，违法所得关系罚金刑的基数。

《最高人民法院关于适用财产刑若干问题的规定》第二条　人民法院应当根据犯罪情节，如违法所得数额、造成损失的大小等，并综合考虑犯罪分子缴纳罚金的能力，依法判处罚金。刑法没有明确规定罚金数额标准的，罚金的最低数额不能少于一千元。

对未成年人犯罪应当从轻或者减轻判处罚金，但罚金的最低数额不能少于五百元。

2. 关系量刑情节，主要是自由刑量刑。以《最高人民检察院、公安部关于公安机关管辖的刑事案件立案追诉标准的规定（二）》为代表的相关司法解释，将"违法所得"作为立案追诉，以及区分量刑情节档次的依据，体现了财产刑犯罪中"违法所得"衡量社会危害性的重要作用。如：

《最高人民检察院、公安部关于公安机关管辖的刑事案件立案追诉标准的规定（二）》第二十一条　〔高利转贷案（刑法第一百七十五条）〕以转贷牟利为目的，套取金融机构信贷资金高利转贷他人，违法所得数额在五十万元以上的，应予立案追诉。

《内幕交易司法解释》第七条　在内幕信息敏感期内从事或者明示、暗示他人从事或者泄露内幕信息导致他人从事与该内幕信息有关的证券、期货交易，具有下列情形之一的，应当认定为刑法第一百八十条第一款规定的"情节特别严重"：

……

（三）获利或者避免损失数额在七十五万元以上的；

……

3. 关系没收财产范围。《刑法》第六十四条及《最高人民法院、最高人民检察院关于适用犯罪嫌疑人、被告人逃匿、死亡案件违法所得没收程序若干问题的规定》第六条系明确没收财产范围的法律依据，其均明确为“直接或间接犯罪所得及其孳息”，法理依据是“任何人不能从犯罪中获利”。

《刑法》第六十四条　犯罪分子违法所得的一切财物，应当予以追缴或者责令退赔；对被害人的合法财产，应当及时返还；违禁品和供犯罪所用的本人财物，应当予以没收。没收的财物和罚金，一律上缴国库，不得挪用和自行处理。

二、内幕交易类案件中违法所得的司法认定规则

从最高人民法院、最高人民检察院的公报案例、典型来看，[1]各起内幕交易案中“违法所得”的认定采取的是以下模式：

表 8-1　内幕交易案中“违法所得”的认定模式

案例	级别	认定内容	认定模式
杜某库、刘某华案	最高人民法院典型案例	杜某库、刘某华共同操作买入高淳陶瓷股票 137,100 股，支付资金共计 966,946.91 元，卖出后非法获利 1,739,692.46 元	实际成交价差额规则

〔1〕 案例数据来源于北大法宝、alphalawyer 数据库，截至 2023 年 2 月。

续表

案例	级别	认定内容	认定模式
黄某裕案	最高人民法院典型案例	中关村上市公司并购重组期间，黄某裕指使他人，使用上述股票账户，累计购入中关村股票××亿余股，成交额共计人民币××亿余元，至2008年5月7日该信息公告日时，上述股票账户的账面收益额为人民币××亿余元	账面收益额法
周某伟案	最高人民法院典型案例	周某伟利用职务便利，浏览并获取上市公司提交审核的有关业绩增长、分红、重大合同等利好信息后，用办公室外网电脑，登录其实际控制的证券账户并买入相关股票15只，买入总金额共计852万余元，卖出总金额871万余元，非法获利17万余元	实际成交价差额规则
陈某啸案	最高人民法院典型案例	1. 东源电器复牌后，陈某啸证券账户共计卖出东源电器1022.1469万股，卖出金额17,319.382273万元，获利10,381.658135万元。 2. 2015年2月6日巢东股份复牌，陈某啸于复牌当日通过大宗交易方式将上述巢东股份股票全部卖出，亏损4.295686万元。 综合：被告人陈某啸系非法获取证券交易内幕信息的人员，其在内幕信息尚未公开前，从事与内幕信息有关的股票交易，成交额9592.715906万元、获利1.0381658135亿元	1. 均采取卖出获利计算方式； 2. 两次内幕交易行为，对第二次亏损的金额并没有合并计算，在认定违法所得时，仅认定有获利的部分
顾某安案	最高人民法院典型案例	2016年1月至2月，顾某安通过潘某梅证券账户买入上海钢联股票18余万股，成交金额766万余元，股票卖出后非法获利126万余元	实际成交价差额规则

续表

案例	级别	认定内容	认定模式
李某等三人内幕交易案	最高人民检察院典型案例	2012年6月底,李某把公司将要重组的信息告诉其丈夫宋某和表妹涂某,要求二人帮助购买公司的股票。7月1日,宋某委托他人将169万元人民币存入他人的银行账户。7月2日,涂某用他人的证券账户买入该公司股票共计332,655股,成交金额1,686,959.29元。同年11月21日,涂某按照李某的要求,将上述公司股票全部卖出,获利860,120.87元	实际成交价差额规则
王某泄露内幕信息、徐某内幕交易案	2013年度上海法院金融刑事判决典型案例	徐某获悉该信息后,于同月6日至8日,亏损抛售其控制的陈某、唐某、徐某、徐某某证券账户内股票筹资并在上述证券账户内连续买入"德赛电池"股票62万余股,成交金额1328万余元。同月10日,"德赛电池"股票临时停牌;18日德赛电池发布《关于重大资产重组停牌公告》并于20日正式停牌。同年3月26日,"德赛电池"发布《关于终止筹划重大资产重组事项暨公司证券复牌公告》并于同日复牌;该日,徐某所购德赛电池股票以收盘价计算账面盈利150万余元	账面盈利法,按复盘日收盘价计算
王某、王某玉等人内幕交易、泄露内幕信息案	最高人民检察院、证监会联合发布典型案例	在内幕信息敏感期内,被告人王某分别与其朋友尚某、妹妹王某玉、妹夫陈某、战友王某仪联络、接触。上述人员及王某仪的妻子王某红在青某公司内幕信息敏感期内大量买入该公司股票共计1019万余股,成交金额2936万余元,并分别于青某公司因重大事项停牌前、发布收购超声波制浆技术及非公开发行股票信息公告复牌后将所持有的青某公司股票全部卖出,非法获利共计1229万余元	实际成交价差额规则

续表

案例	级别	认定内容	认定模式
“杭萧钢构”内幕交易案	人民法院报改革40年典型案例	3月15日，陈某兴从罗某峰处得知证券监管机构要调查杭萧钢构股票，遂将有关情况告知王向东并指令其次日卖出“杭萧钢构”股票共计6,961,896股全部卖出，非法获利4037万元。4月10日，陈某兴将晁某春账户上的42,800股杭萧钢构股票全部卖出，非法获利36万余元	实际成交价差额规则
刘某春、陈某玲内幕交易案	《最高人民法院公报》2013年第1期(总第195期)	被告人刘某春、陈某玲自2009年4月1日至4月15日，买入高淳陶瓷股票共计614,022股，支付人民币共计4,391,183.20元；自2009年5月22日至6月24日，将高淳陶瓷股票全部卖出，收入金额人民币共计11,890,662.42元，非法获利人民币共计7,499,479.22元	实际成交价差额规则
段某内幕交易案	北京市第二中级人民法院优秀案例：(2016)京02刑初82号	段某因工作原因获取了中航电测发行股份购买资产的内幕信息，并于2013年2月间，使用他人股票账户，累计购入“中航电测”股票4.63万股，成交金额共计人民币68万余元。2013年3月4日，中航电测在创业板信息披露网站上发布重大资产重组停牌公告。当日，中航电测股票(证券代码300114)停牌。2013年6月13日，中航电测股票复牌。当日及14日、17日，该股票连续三个交易日涨停。6月18日，该股票收盘时跌幅2.41%。 关于违法所得认定：本案中被告人段某所购买的中航电测股票尚未售出，该股票在内幕信息公开和次日复牌后，连续出现3个交易日涨停，至2013年6月18日收盘时，涨停板才打开(收盘时跌幅2.41%)。一审法院以内幕信息对股票交易价格存在影响及内幕交易行为与违法所得有因果关系为标准，按中航电测	账面盈利法：市场吸收规则

续表

案例	级别	认定内容	认定模式
		股票复牌后第一个收盘价打开涨停交易日的收盘价计算余股市值，亦即该内幕信息利好影响显著的最后一个交易日，进而认定2013年6月18日收盘时涉案股票的账面盈利人民币286,173元，为段某通过本案内幕交易行为账面获利，并以此所获利益计算段某的违法所得。此种计算方法实际是采用了市场吸收规则。 关于追缴的范围：对于孳息的计算，仍然应当贯彻前面认定违法所得的市场吸收规则，以是否与违法所得有因果关系为标准，确定孳息的范围。具体计算公式为：法院执行时未卖出股票的账面盈利乘以违法所得在整个余股市值中所占比例	

北京市第二中级人民法院杨子良法官在对段某内幕交易案件的评析中，就"如何计算内幕交易案中的违法所得"归纳了审判规则，本书予以简化列表，去除了内幕信息公开前全部卖出情形对"异常波动标准"符合性的判断，[1]概因对于"异常波动标准"的引入可能与"重大信息"标准有实践层面的冲突，虽然引入"异常波动标准"兼及打击犯罪与保障人权的双重效果，但也将导致相同性质的行为可能出现同案不同命的后果，是以本书在此予以了简化，统一将"公告前全部卖出标的证券"的行为不计算违法所得。

具体如表8-2所示：

---

〔1〕"异常波动性标准"：文章认为"行为人在利好的内幕信息公开前全部卖出股票的，不论内幕信息复牌后是否兑现，在满足异常波动量化标准的情况下，均按实际交易获得的市值差价计算违法所得"，异常波动的量化标准为：单一交易日涨停或者跌停，连续3个交易日按照信息内容的指向日波动幅度超过5%，7个交易日按照信息内容的指向总波动幅度超过30%，20个交易日按照信息内容的指向总波动幅度超过50%。

表8-2　内幕交易违法所得计算

信息类型	信息是否兑现	持股状态	司法认定规则
利好型	—	公告前卖出	不计算违法所得
利好型	已兑现	公告后卖出(部分)	实际差额规则
利好型	已兑现	公告后未卖出(部分)	按账面获利(以内幕信息公开日或收个收盘价打开涨跌停板为依据)
利好型	未兑现	复盘当日卖出	实际差额规则
利好型	未兑现	复盘日较长时间后卖出	按复盘日收盘价为依据计算账面获利
利空型	—	—	以复盘日收盘价为依据计算违法所得

三、违法所得的辩护

笔者认为，辩护工作中，内幕交易类案件违法所得的辩护需要按照“三层两维一有利”法开展，所谓“三层”，即上文所述的违法所得应依据法律应用效果，分为“关系量刑情节”“关系罚金刑基数”“关系没收财产范围”三个层面开展；所谓“两维”是指应当在共同犯罪与个人责任两个维度进行界定；所谓“一有利”是指在法律和司法解释没有明确规定，辩护人可以依据按照“存疑有利于被告人”的原则提出对被告人有利的观点。

（一）辩护人在“三层”方面的辩点——账面获利的法条依据是否存在

不管是按照复盘日收盘价还是按照首次打开涨停日收盘价计算账面获

利,据此作为认定"违法所得"的依据,都面临一个法条依据的问题。而《内幕交易司法解释》规定内幕交易的违法所得是指"通过内幕交易行为所获利益或避免的损失",而对"所获利益"的"获"的解释没有法定性,依据证券交易常识和语义解释,账面获利并非"实际获得",所以能否以"账面获利"作为"违法所得"进行认定,便是一个核心问题。

持肯定意见的依据和逻辑:《最高人民法院、最高人民检察院、公安部、中国证监会关于办理证券期货违法犯罪案件工作若干问题的意见》(证监发〔2011〕30号)第四条规定:"公安机关、人民检察院和人民法院在办理涉嫌证券期货犯罪案件过程中,可商请证券监管机构指派专业人员配合开展工作,协助查阅、复制有关专业资料。证券监管机构可以根据司法机关办案需要,依法就案件涉及的证券期货专业问题向司法机关出具认定意见"。如果证券监管机构的认定函将账面获利作为违法所得进行认定后,司法机关可以采纳该意见。

持否定意见的依据和逻辑:第一,证券监管机构的认定意见仅是行政意见,不属于《刑法》规定的证据种类;第二,《关于办理证券期货违法犯罪案件工作若干问题的意见》虽为四部委联合发文,但文号为证监发文,这与最高人民法院《关于司法解释工作的规定》(法发〔2021〕20号)规定的"最高人民法院发布的司法解释,应当经审判委员会讨论通过""司法解释具有法律效力"不符,而经查询最高人民法院官网,该文并不在最高人民法院公布的经过最高人民法院审委会讨论通过的司法解释范围中,并不具有司法解释的效力等级;第三,采取将浮动的"账面获利"解释为"获得"属于不利于被告人的扩大解释,与罪刑法定原则相违背;第四,有诸如《人民检察院刑事诉讼规则》《关于适用犯罪嫌疑人、被告人逃匿、死亡案件违法所得没收程序若干问题的规定》等司法解释与该观点不符;第五,难能获得社会公众及被告人的认可。

具体到辩护策略时，可以分情况选择：

1. 在关系量刑情节方面辩护，如果在案发时有部分未出售的情况下，如果未卖出部分以案发时/复盘当日收盘价/首次打开涨停日收盘价计算是亏损的，则主张按照“实际获得－账面亏损”作为违法所得依据；

2. 开庭前有标的证券全部未卖出时，且无论按案发时/复盘当日收盘价/首次打开涨停日收盘价何种标准来计算，账面获利均是正数，则主张“账面获利”不是实在的“所获利益”，主张不能作为量刑依据和罚金依据，涉案相关证券应仅作为追缴或没收财产范围的依据。

（二）辩护人在“两维”方面的辩点——共犯情形下罚金之辩

内幕交易犯罪多有共同犯罪情形，基于共同犯罪责任共担的原则，在量刑层面，交易数额、违法所得法律后果及于全部共犯，但由于共犯之间约定或者实际获得的违法所得不同，罚金刑如何处罚，以全部犯罪违法所得为依据，还是按照个人约定比例或者实际所得为依据，则存在不同观点，司法解释对此未有明确，案例中，有的判决是量刑共同责任，罚金刑也是按全案违法所得对每名被告人处以一倍罚金。

本书认为，从司法解释的条文中，可以推导出一条共同犯罪情况下，内幕交易罚金刑辩护的规则——基于对《内幕交易司法解释》第九条第二款规定的内幕交易共犯处理规则的理解，“构成共同犯罪的，按照共同犯罪行为人的成交总额、占用保证金总额、获利或者避免损失总额定罪处罚，但判处各被告人罚金的总额应掌握在获利或者避免损失总额的一倍以上五倍以下”。前半句“定罪处罚”部分是共同犯罪责任共担理论，而后半句规定的是罚金的限额——全案罚金总额应掌握在获利或避免损失总额的1倍以上5倍以下。如果有6人共同犯罪,判决便无法同时满足《刑法》第一百八十条规定和《内幕交易司法解释》第九条第二款规定——不能既保证每名被告处以全案违法所得一倍以上,又保证全案罚金总额不超过全案违法所得的5倍。

由于法律的执行不能有逻辑漏洞,所以辩护人可以推导出内幕交易罚金刑的一个辩护观点——在共同犯罪罚金刑的执行中,应基于个人的违法所得进行处罚,尚未分配的,按照约定的比例进行处罚。

(三)辩护人在“一个有利于”方面的辩点——在不同节点、不同算法中取最有利于被告人的算法

1. 利好型内幕信息案件中,选择内幕信息公开日收盘价作为账面获利的计算依据。

在案发时未出售或未全部出售的情况下,在内幕信息公开日和首次打开涨停日收盘价之间,主张以案发日收盘价作为计算获利依据,可避免连续多个涨停带来的账面获利增加的情形。

2. 多次买入、多次卖出,且案发时尚未全部卖出的情况下,可以由辩护人聘请会计师事务所进行审计,分别按照“先入先出”“先入后出”“整体计算”等方式计算账面获利,取最小获利作为依据。

如公告停牌前,有多次买入情况,复盘后,部分卖出。则按“先入先出”“先入后出”“整体计算”有多种不同结果,举例如表8-3所示:

表8-3

	3元/股	5元/股	10元/股	8元/股	X元/股
公告前买入	100股	200股	—	—	—

续表

	3元/股	5元/股	10元/股	8元/股	X元/股
复盘后卖出	—	—	150股	100股	—
持有	—	—	—	—	50股
投入	1300元		—	—	—
回报	—	2300元	50×X		

(1)按“先入先出法”计算违法所得:(10×150－3×100－5×50)+(8×100－5×100)+50股账面盈利=1250元+50×(X－5);

(2)按“先入后出法”计算违法所得:(10×150－5×150)+(8×100－5×50－3×50)+50×(浮动价格－3)=1150元+50×(X－3);

(3)按“整体计算法”计算违法所得:10×150+8×100+50X－3×100－5×200=1000+50X。

其中X是公告日收盘价或首次打开涨跌停收盘价。从上述例子中可以看出,随着X价值的变化,三种算法计算违法所得大小不一,在遇到复杂案件时,应具体算出每种算法的账面获利结果,作为依据。当然,辩护人需要综合判断委托会计师鉴定的必要性。

刑事审判参考内幕交易类案件裁判规则提炼*

第九章

Chapter 9

* 本章节内容主要参考喻海松：《实务刑法评注》（上），第739~740页，案例来源于《刑事审判参考》及《证券期货违法犯罪案件办理指南》。——笔者注

刑事审判参考内幕交易类案件裁判规则

一、[第735号]李某红等内幕交易、泄露内幕信息案裁判规则 *

——如何确定内幕信息价格敏感期、建议他人买卖与内幕信息有关的证券行为如何定性以及如何区分洗钱罪与掩饰、隐瞒犯罪所得罪

裁判规则1——如何确定内幕信息敏感期?

内幕信息价格敏感期的形成之日要从信息的重大性和信息知情人对该信息的影响力进行综合把握,在信息本身具备重大性及信息方案通过的可能性时,即可为内幕信息价格敏感期的形成之日。

裁判规则2——建议他人买卖与内幕信息有关的证券如何定性?

内幕信息知情人或非法获取内幕信息的人虽未向他人明确传递内幕信息,但建议他人买卖与内幕信息相关的证券,基于行为人之间的高度信赖关系,实质上完成了内幕信息的传递,如果被建议者接受建议买卖了相关证券,相对于《刑法》第一百八十条所保护的法益来说,建议者属于内幕交易的正犯,应当按照内幕交易罪追究刑事责任。

裁判规则3——明知他人是内幕交易所获利益而借用银行账户、帮助他人隐藏、转移账款,或转化资金形式的,构成洗钱罪。

《刑法》2006年修正时,将破坏金融管理秩序犯罪纳入洗钱罪的上游犯

* 本案发生时,《内幕交易司法解释》尚未出台。——笔者注

罪。行为人明知他人资金系内幕交易所获利益，而借给他人银行账户，或者帮助他人隐藏、转移赃款的，同时构成掩饰、隐瞒犯罪所得罪和洗钱罪的法条竞合，依据特别法优于一般法的原则，应当认定构成洗钱罪。

二、[第756号]肖某庆受贿、内幕交易案

——因获取让壳信息而指使他人购买让壳公司股票，后借壳公司改变的，是否影响内幕信息的认定

主要问题

1. 因获取让壳重组信息而指使他人买入让壳公司股票，后借壳公司改变的，是否影响内幕信息的认定？

2. 如何认定行为人是基于专业知识的研判还是基于对内幕信息的确信而从事相关的证券、期货交易？

3. 中国证监会应司法机关的需要就内幕信息有关问题出具的认定意见，能否作为定案根据？

裁判理由

(一)因获取让壳重组信息而指使他人购买让壳公司股票，后借壳公司改变的，不影响内幕信息的认定。

本案中，关于"肖某庆通过刺探手段获取的是光大证券借壳北京化二上市的信息，但后来光大证券并未借壳成功，最终借壳北京化二的是国元证券。肖某庆据以交易的信息未兑现，是否影响内幕信息认定？"

1. 内幕信息以真实性为构成特征，但对真实性的认定应当坚持二元标准。

裁判规则1：内幕信息以真实性为构成特征，但对真实性的认定应当坚持

二元标准。即：

（1）对于最终公开的内幕信息，应当以相对真实为认定标准。所谓“相对真实”，是指所获取的“信息”只要信息与指定报刊、媒体首次公开的信息基本一致，就应当认定信息具有真实性。至于指定报刊、媒体公开的信息是否准确或者是否失实在所不问。这是基于广大股民对指定报刊、媒体信赖的考虑，信息只要经指定报刊、媒体公开，往往会对相关证券、期货的市场交易价格、交易量带来重大影响。

（2）对于因谈判失败或者公司高级管理人员故意违规不予披露等因素而最终未在指定报刊、媒体公开的内幕信息，应当以客观真实为认定标准。在该情形下，无法通过指定的报刊、媒体是否公开这一标准认定信息是否真实，应当以信息内容是否真正发生为认定标准。如果信息内容真实发生，就应当认定信息是真实的。如本案光大证券与中石化就借壳北京化二上市的信息内容与客观事实相符，即便该信息未在指定报刊、媒体公开，也不影响该信息的真实性。

2. 借壳公司的改变是否影响内幕信息真实性的认定？

裁判规则 2：据以支撑交易决策的信息只要符合《证券法》规定的重大性和非公开性，便属于内幕信息，行为人利用内幕信息进行交易标的证券的，已满足内幕交易罪的构成要件。借壳公司的改变属于另一内幕信息，事后的获利行为虽有不同内幕信息对于股票价值的影响差异，但并不能否定交易行为的犯罪构成，同时，此种情况下依据交易金额进行量刑更具公正性。

本案被告人肖某庆通过职务行为获悉中石化启动下属公司让壳的计划，这一信息比较确定，而且最终转化为现实。肖某庆通过刺探获取光大证券正在与中石化谈判借壳重组事项的信息，并获取中石化所启动的下属公司为北京化二这一关键信息。该信息经庭审质证，与客观事实相符，因此肖某庆所获取的信息具有真实性。这一真实信息如果公开，对北京化二股票的价格和交易量具有重大影响。根据《证券法》第七十五条对内幕信息的定义和《刑法》第一百八十条关于内幕交易、泄露内幕信息罪罪状的描述，肖某庆获取的信息符合内幕信息的构成特征，应当认定为内幕信息。利用该信息从事与该信息有关的股票交易，情节严重的，应当认定构成内幕交易罪。

无论后来光大证券是否向北京化二借壳成功，也无论后来肖某庆的股票交易是利好还是利空，只要肖某庆获取光大证券与中石化谈判有关借壳北京化二上市的信息，并从事北京化二股票的交易，就完全齐备内幕交易罪的构成要件。至于光大证券与北京化二重组失败，国元证券向北京化二借壳成功，则属于另一内幕信息。不可否认，国元证券成功借壳北京化二上市的消息公开后，北京化二股票的交易价格和交易量均大幅上涨，肖某庆获利103，901，338.92元与这一利好信息有关。因此，在该情形下，根据成交额量刑要比根据获利额量刑要更为准确。如果根据获利额确定被告人的量刑，则要适度考虑其他利好因素的介入对获利额的影响，对被告人在一定幅度内可酌情从轻处罚。

（二）对是基于专业知识的研判还是基于对内幕信息的确信而从事有关证券、期货交易的认定，要准确分析促使行为人作出交易决定的关键因素。

裁判规则3：在具体案件中，基于对内幕信息的确信而从事有关证券、期货交易的行为人往往会辩解其是基于专业知识的研判而作出交易决定的。对于这一辩解的真伪，要结合具体案情，准确分析促使行为人作出交易决定的因素中有无内幕信息的影响。

本案被告人肖某庆辩解，其系利用自己的知识、智慧，根据股权改制的整体趋势作出判断而购买北京化二股票的。经查，肖某庆通过刺探所获取的信息，足以表明北京化二让壳重组已势在必行，一般人获取这种信息也可判断出购买北京化二股票将会获得非常优厚的市场回报。肖某庆指使他人重仓、全仓持有北京化二股票，看似孤注一掷的博弈行为，但实质上，促使其作出交易决定的是其对北京化二让壳重组的确信，而这恰恰是内幕信息的主要内容。股改是全方位、整体推进的，肖某庆却将全部资金投入北京化二，这一资金流向与其平时交易习惯明显背离。肖某庆在2004年便得知中石化探索整体上市的思路，却集中在2006年9月底全仓持有北京化二股票，这一交易时间点与内幕信息的形成以及其获取内幕信息的时间点高度吻合。可见，肖某庆的上述行为足以表明其交易行为明显异常，也足以说明促使其作出交易决定的真正因素是其对获取的内幕信息的确信，而非其根据专业知识对股改政策作出的判断。

裁判规则4：对于既利用了专业知识判断，又利用了获取的内幕信息而从事有关的证券、期货交易的行为，也应从严认定为利用内幕信息进行交易。裁判中把握两个原则：一是对于具有专业知识的人员，即使是利用专业知识掌握了内幕信息的内容，只要其进行专业知识判断时依据其利用职务或工作便利获取的信息，也应当认定为内幕信息的知情人员；二是对于具有专业知识的人员，如果其通过非法手段获取了内幕信息，同时在此过程中也通过其专业知识加强了其判断，或者是先通过专业知识预判出重组对象，后通过获取内幕信息加强了对其预判的确信，原则上只要其从事与内幕信息有关的证券、期货交易，情节严重的，就应当追究内幕交易的刑事责任。

鉴于近年来证券、期货市场犯罪的专业化、隐蔽化等特点，为从严打击证券、期货犯罪，对内幕信息的影响力不应作程度限制，不要求内幕信息对行为人交易决定的影响是唯一的，只要行为人获取的内幕信息对促使其交易决定有一定影响，即帮助其在一定程度上确信从事相关交易必定获得丰厚回报，就应当认定行为人是利用内幕信息从事内幕交易。

（三）中国证监会应司法机关需要就内幕信息有关问题所作的认定，经审查具有客观性、合法性的，可以作为定案根据。

裁判规则5：对于在行政执法中收集的实物性证据，因其具有客观性、稳定性,可以直接在刑事诉讼中使用。对于行政机关依据上述实物证据作出的检验报告、认定结论等,经司法机关审查,具有客观性、真实性和合法性的,可以作为定案的证据。中国证监会出具的认定意见在内容上虽然具有鉴定意见的性质,但因主体不具有鉴定资质,所以在具体证据类别上不能归类为鉴定意见。目前,实践中比较倾向的观点是将中国证监会出具的认定意见作为一种准书证予以使用。

依据2011年最高人民法院、最高人民检察院、公安部、中国证监会联合印发的《关于办理证券期货违法犯罪案件工作若干问题的意见》第四条规定,"……证券监管机构可以根据司法机关办案需要,依法就案件涉及的证券期货专业问题向司法机关出具认定意见",以及《刑事诉讼法》第五十二条"行政机关在行政执法和查办案件过程中收集的物证、书证、视听资料、电子数据等证据材料,在刑事诉讼中可以作为证据使用"。对于在行政执法中收集的实物性证据,因其具有客观性、稳定性,可以直接在刑事诉讼中使用。对于行政机关依据上述实物证据作出的检验报告、认定结论等,经司法机关审查,具有客观性、真实性和合法性的,可以作为定案的证据。

三、[第757号]杜某库、刘某华内幕交易,刘某华泄露内幕信息案

——内幕信息、内幕信息的知情人员和非法获取人员的认定以及相关法律适用问题的把握

核心问题:何为内幕信息?行为人在内幕信息尚未公开前,与他人合谋从事与该内幕信息有关的股票交易的,应如何论处?

裁判规则1:对于利用专业知识判断出重组对象的人员是否认定为内幕信息的知情人员,关键要看该类人员在利用专业知识判断时有否依据因职务行

为获取的信息。对于具有专业知识的人员，不论其是否是利用专业知识掌握了内幕信息的内容，原则上只要其判断时依据了因其职务或工作获取的信息，就应当认定为内幕信息的知情人员。否则，就给证券、期货领域中具有证券、期货专业的人员开辟了一条绿色通道。这样的认定也符合当前打击证券、期货违法犯罪的政策精神。

裁判规则2：行为人在内幕信息尚未公开前，与他人合谋从事与该内幕信息有关的股票交易的，符合《刑法》关于共同犯罪的规定以及内幕交易罪的构成要件，应按内幕交易罪定罪处罚。

四、[第758号]赵某梅等内幕交易案

——内幕信息知情人员的近亲属或者与其关系密切的人被动获悉内幕信息的，能否认定为“非法获取证券交易内幕信息的人员”

关键问题：内幕信息知情人员的近亲属或者与其关系密切的人被动获悉内幕信息的，能否认定为“非法获取证券交易内幕信息的人员”？

裁判规则：如果明知是内幕信息的知情人员泄露的内幕信息或者是非法获取的内幕信息，还从事与该内幕信息有关的证券、期货交易，实际意味着利用了内幕信息知情人员和非法获取内幕信息人员的违法结果，行为在整体性质上应当属于禁止情形。内幕信息知情人员的近亲属或者与其关系密切的人具有获取内幕信息的便利途径，如果对该类人员被动获悉内幕信息后从事与内幕信息有关的证券、期货交易的行为不予禁止，那么将会激发大量内幕交易犯罪案件的发生。因此，应当从政策导向上明确禁止该类人员被动获悉内幕信息后从事内幕交易的行为，情节严重的，应当追究刑事责任。

五、[第920号]王某芳泄露内幕信息、徐某全内幕交易案

——对利好型内幕信息公开后继续持股未卖的,内幕交易的违法所得如何认定

裁判规则:对利好型内幕信息在复牌后兑现的,不论是在复牌日还是在复牌日之后抛售股票,均应以抛售后的实际获利认定为内幕交易的违法所得。如果复牌后没有抛售而是选择继续持股的,则应以复牌日收盘价计算账目获利认定为违法所得。

六、[第941号]李某利利用未公开信息交易案

——利用未公开信息交易罪司法认定中的证据和法律问题

主要问题

1. 如何把握利用未公开信息交易犯罪的证据标准?

2. 构成利用未公开信息交易罪是否以"先买先卖"同时具备为要件?

3. 相关公司买入涉案股票行为对股票价格的影响以及行为人的获利情况是否影响利用未公开信息交易犯罪的成立?

4. 如何理解利用未公开信息交易罪中的"违反规定"?

裁判理由

(一)没有被告人或者操盘手的供述或证言,综合全案相关客观证据能够认定被告人实施了利用未公开信息交易犯罪行为的,可以认定有罪。

根据《刑法》的相关规定,行为人利用了未公开信息进行交易是认定利用

未公开信息交易罪的必要条件之一。由于行为人基于职务便利获取未公开信息后,往往是通过行为人以外的其他人秘密进行交易的,要证明行为人构成犯罪,一般都需要有证据证明行为人和操盘手之间存在犯意联络,而对这一犯意联络的存在往往是通过行为人本人的供述和操盘手的证言予以证实。司法实践中,如果行为人否认犯罪,操盘手又基于种种原因拒绝提供真实证言时,被告人之间犯意联络的认定便会变得更加复杂。

本案中,李某利在一审庭审及之前的供述中均供认是其指令李某君购买涉案股票,但在二审过程中翻供,否认其指令李某君购买涉案股票。李某利妻子袁某梅指证李某利指令李某君购买涉案股票的证言,又因为侦查人员的不当行为被二审法庭排除,而李某君的证言在李某利是否指令其购买涉案股票的问题上又含糊其词,称"记不清"了,"想不起详细情况"了,本案在二审中的人证就只有李某利在侦查、审查起诉以及一审庭审中的认罪供述,在这种情况下,是否还可以认定李某利指令李某君购买了涉案股票,是本案的一个焦点和难点。

依照《刑事诉讼法》第五十三条的规定,对一切案件的判处都要重证据,重调查研究,不轻信口供。只有被告人供述,没有其他证据的,不能认定被告人有罪和处以刑罚;没有被告人供述,证据确实、充分的,可以认定被告人有罪和处以刑罚。在利用未公开信息交易犯罪案件中,能够证明行为人是否利用了未公开信息交易并非仅有言词证据,还包括书证、电子数据、鉴定意见等客观证据。由于此类案件中的犯罪手段隐蔽性强,故要更加注重对客观证据的审查。如果综合全案相关证券账户的交易记录、电子计算机的 IP 地址、证券交易资金情况等客观证据材料,能够认定行为人利用了未公开信息实施相关证券期货交易,就可以认定有罪。

(二)构成利用未公开信息交易罪不以"先买先卖"同时具备为要件。

"老鼠仓"只是一个约定俗称,各国对"老鼠仓"的界定并不是完全统一的。在我国,典型的"老鼠仓"是利用未公开信息交易犯罪的一种形式,但利用未公开信息罪的外延要大于典型"老鼠仓"的范围。依照《刑法》规定,构成利用未公开信息交易罪并不以"先买先卖"同时具备为条件。只要行为人利用因职务便利获取的未公开信息,违反规定从事与该信息相关的证券、期货交易活动,达到"情节严重"的程度,就构成该罪。如利用所任职基金公司未公开利好信息先行或者同期买入某一股票,在所任职基金公司卖出相关股票后,行为人基于个人判断或者其他原因继续持有该股票,也可构成利用未公开信息交易罪。再如,行为人在所任职基金公司买入相关股票后再买入同样股票,在获悉所任职基金公司的未公开利空信息后,先于基金卖出相同股票,也可构成利用未公开信息交易罪。

(三)相关基金公司对涉案股票的买入行为是否影响涉案股票的价格及行为人是否实际获利,均非决定利用未公开信息交易犯罪是否构成的因素。

从利用未公开信息交易罪侵犯的客体来看,基金公司从业人员利用未公开信息交易相关股票的行为,不仅可能对所任职基金公司的财产利益造成直接损害,更主要的是破坏了公开、公平、公正的证券市场原则,损害了处于信息弱势的散户的利益,违背了基金从业人员对基金公司的忠实义务,损害了有关基金和基金管理人的声誉以及投资者对有关基金及基金管理人的信赖和信心,进而对有关基金的长期运作和基金份额持有人利益造成损害,并对整个证券市场造成损害。因而,《刑法》设置该罪,针对的就是利用未公开信息从事交易的行为,目的在于惩治该类行为对证券市场正常运行所造成的严重危害,基金公司买人行为对涉案股票价格的影响及行为人是否实际获利,均非决定犯罪是否构成的要素。

(四)利用未公开信息交易罪"违反规定"的认定。

《刑法》第一百八十条第四款的表述是"违反规定",而不是"违反国家规定",两者存在很大的区别。根据《刑法》第九十六条的规定,"违反国家规定”，“是指违反全国人民代表大会及其常务委员制定的法律和决定，国务院制定的行政法规、规定的行政措施、发布的决定和命令”。《最高人民法院关于准确理解和适用刑法中“国家规定”的有关问题的通知》（法发〔2011〕155号）尽管对“国家规定”的范围作了一定延伸，但与利用未公开信息交易罪中“规定”的范围相比，要窄得多，后者不仅包括法律、行政法规，还包括部门规章、地方性法规及行业规范，但公司的内部章程不包括在内。

《基金管理公司投资管理人员管理指导意见》第二十三条第三款还规定：“除法律、行政法规另有规定外，公司员工不得买卖股票，直系亲属买卖股票的，应当及时向公司报备其账户和买卖情况。公司所管理基金的交易与员工直系亲属买卖股票的交易应当避免利益冲突。”根据这一规定，基金管理公司员工买卖股票原本就属于被禁止的行为，即使是修订后的《证券投资基金法》修改了对基金管理公司员工买卖股票的禁止性规定，但仍规定基金从业人员从事股票买卖，应当事先申报，并不得从事与基金份额持有人发生利益冲突的股票交易行为，其实质是更有针对性地严格监管和防止基金管理公司工作人员擅自买卖与所任职的基金公司交易种类相同的股票。李某利在其所任职的基金公司旗下基金投资买卖工商银行和建设银行股票的同时，未作申报，逃避监管，个人买卖相同股票，与基金份额持有人发生利益冲突，明显属于“违反规定”。

七、［第1019号］杨某山内幕交易案

——如何理解内幕交易犯罪案件中的“自动投案”和“如实供述主要罪行”

主要问题

如何理解内幕交易犯罪案件中的“自动投案”和“如实供述主要罪行”？

裁判观点

(一)如何认定“自动投案”?——向证券监管部门投案或预留电话、地址,自愿等候有关部门处理的,应当认定主动投案。

在内幕交易案件中,由于系先由证券监管部门调查,故行为人一般均是先向证券监管部门投案,如果行为人预留联系方式,并在预留地址自愿等候有关部门处理的,比照“明知他人报案而在现场等待”的规定,应当认定行为人系主动投案。行为人在自愿等候有关部门处理过程中,被公安抓获到案不影响自动投案的认定。

行为人向证券监管部门主动投案已实现自首制度中主动投案的立法价值。行为人在公安机关介入之前即主动向有关部门主动投案,并在家中等候处理,证券监管部门依照行为人供述的内容进行调查、取证,必然减轻司法机关调查、取证的负担,也必定节约司法成本。因此,从这一角度分析,行为人向证券监管部门主动投案已实现自首制度中主动投案的立法价值。

(二)如何认定内幕交易犯罪案件中的“主要罪行”?——对证券监管部门认定意见的辩解或持不同看法不影响如实供述罪行的认定;如实供述罪行后,对行为性质的辩解不影响如实供述的认定。

主要罪行系指主要犯罪事实,包括罪质事实和重大罪量事实。罪质事实,是指对犯罪嫌疑人行为性质认定具有重大影响的事实、情节;重大罪量事实,是指对量刑具有重大影响的事实、情节。其中,罪质事实主要是针对罪名的构成要件。

在内幕交易犯罪案件中,行为人的如实供述内容,应当包括:行为人的主体身份;所购买的相关股票名称、数量;行为人获悉内幕信息等相关情况。

1. 证券监管部门的认定意见本身不属于内幕交易犯罪本身的事实和情节,行为人对该认定意见进行辩解或者持不同看法,不影响对其如实供述罪行的认定。至于行为人对犯罪性质的辩解，具体而言，对相关信息是否为内幕信息、其从事相关证券交易时是否处于价格敏感期等内容的辩解，不影响对其如实供述主要罪行的认定。

2. 从辩解性质分析。在内幕交易案件中，行为人通常作出其主要是基于专业判断而买卖相关股票的辩解。对于该类辩解是否影响对行为人如实供述主要罪行的认定，实践中存在争议。我们认为，该类辩解本质上属于性质辩解，不属于事实辩解。根据《最高人民法院关于被告人对行为性质的辩解是否影响自首的成立问题的批复》的规定，犯罪分子对行为性质的辩解不影响自首的成立，因此，在行为人如实供述犯罪事实的前提下，作出其是主要基于专业判断而买卖相关股票的辩解不影响对其如实供述罪行的认定。内幕交易犯罪相关司法解释明确规定了对获悉内幕信息和购买股票行为之间因果联系的认定规则，行为人对这种因果联系的辩解，在本质上属于一种性质辩解，而并非事实辩解。故即使行为人作出其购买股票主要是基于专业判断的辩解，只要其如实供述犯罪事实，也不影响对其如实供述罪行的认定。

值得注意的是，如果行为人编造事实，否认自己购买股票，否认自己获悉相关信息的，则不应认定为自首。自动投案后，又编造事实为自己开脱罪责，不能认定为如实供述主要罪行。如行为人向证券稽查部门供述时称，购买股票全系自己妻子的行为，自己完全不知情也从未参与的，该辩解是一种事实辩解，不能认定为如实供述主要罪行。

八、董某青等内幕交易、泄露内幕信息案[1]

争议问题

1. 内幕信息是否必须具有确定性?

2. 如何认定内幕信息形成时间?

3. 如何认定非法获取内幕信息的人员?

裁判理由

(一)内幕信息不以确定性为成立要件。

在内幕交易案件中,内幕信息是否必须具备“确定性”往往是控辩双方的辩论焦点。我们认为,确定性并非内幕信息的主要特征。“对公司证券的市场价格有重大影响”和“尚未公开”是内幕信息的主要特征。内幕信息系上市公司在经营、公司治理等企业活动中形成的重大信息,其不是静态的内容,而是处于从可能性向现实性转化的动态变动中。因此,只要相关信息是真实的而不是谣传、猜测或者毫无根据的,即使尚未转变为现实,也可能被认定为内幕信息。

(二)内幕信息形成时间的认定。

实践中,一般认为,《证券法》第六十七条第二款所列“重大事件”的发生时间,第七十五条规定的“计划”“方案”以及《期货交易管理条例》第八十二条第(十一)项规定的“政策”“决定”等的形成时间,应当认定为内幕信息的形成之日。本案中,该方案中借壳目标公司明确,有具体的借壳工作安

[1] 案例转引自打击证券期货违法犯罪专题工作组编:《证券期货违法犯罪案件办理指南》,北京大学出版社2014年版,第60~66页。

排,该消息一经公布将对辽宁时代和延边公路的证券价格造成重大的实质性影响。

(三)被动获取内幕信息的人是否属于非法获取内幕信息的人员?

内幕信息的知情人员向亲属、同事、朋友等主动泄露内幕信息,上述人员知悉内幕信息后在价格敏感期内进行有关证券的买卖,是典型的内幕交易行为,这种行为严重违反了股票交易应当遵循的公开、公平和诚实、信用原则,若不对这种行为进行惩处,势必破坏国家对证券交易管理制度和侵犯投资者的合法权益。在现行法律、法规未对"非法获取内幕信息"进行界定的情况下,对知情人员的亲属、同事、朋友被动获取内幕信息的情形认定为"非法获取内幕信息",符合《刑法》设立内幕交易、泄露内幕信息罪的立法目的。

第十章

Chapter 10

内幕交易防范与执法现状简介

第一节　上市公司内部控制与内幕交易防范

投资人对标的股票的价值判断及趋势判断主要来源于发行人所披露的信息，是以，信息披露工作的规范性关系到投资人对发行人内部控制规范性、交易公平性的整体评价。“内部控制的好坏直接影响企业经营，内部控制的质量备受投资人的关注。”[1]内幕交易防范工作是企业内部控制的有机内容和重要方面，从这方面来说，上市公司对防范内幕交易具有主体责任既是法律义务，又是经营需要。本节着重探讨的是，在上市公司内部控制体系下开展内幕交易防范工作的思路。

一、企业内部控制的体系与内幕交易防范的关系

企业内部控制体系是以 2008 年财政部、证监会、审计署、银监会、保监会发

〔1〕 董忱忱、高凯丽：《浅谈上市公司内部控制的信息披露与完善》，载《商场现代化》2022 年第 7 期。

布的《企业内部控制基本规范》(财会〔2008〕7 号)为规范性依据的,具体包括内部环境、风险评估、控制活动、信息与沟通、内部监督等五大方面内容,上述五个方面每个方面又有具体细节项目。上述五部委又陆续出台 18 次《企业内部控制应用指引》,对企业内部控制的诸多方面予以细化,内容涵盖组织架构、发展战略、人力资源、社会责任、企业文化、资金活动、采购业务、资产管理、销售业务、研究与开发、工程项目、担保业务、业务外包、财务报告、全面预算、合同管理、内部信息传递、信息系统等方面。内部控制作为一种持续性的风险管控过程,除了上述作为控制对象的各个方面,还包括风险识别、风险控制、风险处置等动作实施内容。内部控制以公司自我评价制度与会计机构审计评价制度作为有效性依据。

那么,如何理解企业内部控制与内幕交易防范之间的工作关系？本书认为,由于审计工作对象的特定性,作为外部评价机制的审计评价报告并不是内控控制有效性的全面依据,而仅能发挥一定的正面证明或者反面否定作用,即存在这样一种可能——在内部控制自我评估及外部审计机构对内部控制的评估均为有效或不存在严重缺陷的情况下,仍存在内幕交易或泄露内幕信息的可能性。我们似乎可以将企业内部控制工作理解为内幕交易防范工作的一个增益过程,良好的内部控制工作能够减少内幕交易、泄露内幕信息情况的发生,但内部控制即便通过"有效性"评估仍不能禁绝内幕交易的发生,这就好比教育和犯罪之间的关系一样,从制度上无法保证受过良好的高等教育的人不犯罪,但我们仍然要做好教育工作。

二、内部控制体系下防范内幕交易工作如何开展

内部控制应用指引涵盖了企业经营的各个方面,具有实施的全面性、全员性特点。虽然内幕交易无法从制度上被消灭,但是充分发挥内部控制的全面

性、全员性特点，从内幕交易资以利用的内幕信息本身入手，及时消灭信息的非公开性，缩短内幕信息敏感期，完善内幕信息知情人报备工作，扎实做好重大信息的识别、管理和披露工作，落实内部控制的相关要求，仍是具有有益性的。毫无疑问的是，良好的内部控制能够在内幕交易发生时起到责任溯源和单位免责的作用。

（一）内部控制体系工作中防范内幕交易的理念

为什么要将防范内幕信息纳入内部控制体系中？如上所述，内部控制工作具有全面性、全员性特点，相较于上市公司信息披露工作一般是董事会领导下董事长或董秘负责制的专门性，在防范内幕信息泄露、被不当利用上具有更全面的覆盖优势。依据《上市公司信息披露管理办法》第三十三条第二款之规定，上市公司董事会是信息披露的权力部门。董事会秘书具体负责信息披露的组织和协调。上市公司董事会应引导要求公司业务部门、法务部门、合规部门等树立“没有一人和信息披露工作无关，信息披露工作关系内幕信息管理工作”的理念，使得公司全员充分认识到内幕交易防范工作的“关己性”。

（二）以发展的眼光识别可能演化为具有“重大性”的信息

从案例中可以发现，许多的内幕交易源于对内幕信息敏感期开始时间的模糊，认为信息尚未确定，这使得上市公司的董监高或其密切关系人忽略了此时交易行为的违法性。笔者在与一些上市公司高管进行交流沟通的过程中，也发现绝大多数高管对内幕信息敏感期的起算时间有误解——如对重大并购行为的敏感期往往认定是并购双方至少达成意向性协议时才能计算敏感期。

《证券法》第八十条第三款规定的是信息报告义务，但实质上暗含了内幕信息"重大性"采取"影响及可能性"判断标准。[1] 实践中，部分上市公司及其子公司的相关负责人并不清楚何为重大信息，对于向上市公司董办（负责信息披露的部门）传达重大信息的时限要求也不能很好地把握，导致上市公司在并不知情集团内部某一事项触发信息披露义务的情况下，未能及时履行信息披露义务，而被"误伤"。以"发展的眼光"看待信息，从而提高对于信息"重大性"的识别能力是上市公司内部培训的重点。为了有效避免内部人不慎触犯内幕交易行为，企业内部应摒弃传统的"口号式"地简单呼吁高管、员工"严禁实施内幕交易行为"，或者"普法式"地宣传内幕交易的法律后果，而应转向"识别式"教育——通过剖析内幕信息重大性的类别、演进路径，来提高企业高管、员工对于信息是否具备"重大性"，是否可能演化成"内幕信息"的基础判断能力。

（三）逐级夯实信息知情人内部登记制度和信息重大性提示制度

内幕信息的发生除了涉及企业经营管理本身信息之外，还有交互式信息，即和外部单位、企业、个人产生联系所产生的信息，或者事情本身就是外部单位、企业、个人处理的，如公司的重大诉讼事件、重大招投标事件。

所以，上市公司在履行董监高的职务身份及近亲属关系的报告义务之外，还应尽可能做到知情人登记和报告制度。在此过程中，相关业务部门、法务部门在业务或委托事项产生时，即要书面登记确认外部信息经手人、承办人，并告知对方相关事项可能属于具有重大性的信息，在未依法履行信息披露义务

---

〔1〕《证券法》第八十条第三款规定：公司的控股股东或者实际控制人对重大事件的发生、进展产生较大影响的，应当及时将其知悉的有关情况书面告知公司，并配合公司履行信息披露义务。

之前，可能属于内幕信息，相关人员对信息内容负有保密义务和戒绝交易义务，出于厘清责任的原因，上市公司已如实登记信息知情人、承办人名单。上述告知内容应要求相关信息经手人、承办人进行签字确认。

三、企业内部信息报送制度

根据《上市公司信息披露管理办法》第三十三条的规定，上市公司应当制定重大事件的报告、传递、审核、披露程序。董事、监事、高级管理人员知悉重大事件发生时，应当按照公司规定立即履行报告义务；董事长在接到报告后，应当立即向董事会报告，并敦促董事会秘书组织临时公告的披露工作。根据规定，“及时性”是指“自起算日起或者触及披露时点的2个交易日内”。

为了避免上市公司未能及时知晓集团内部重大信息而受到监管处罚，建立完善、有效的内部信息报送机制是重要的风险防范措施，也是公司内部控制的重要组成部分。强化上市公司内部信息报告的责任意识，当重大信息或苗头性重大信息出现时，及时向董事会办公室（证券部）报告，对信息的评价进行扎口管理，加强工作上下联动，才能不断提高信息披露的质量，切实维护上市公司与投资者的利益。上市公司内部除了做到上文所述的革新理念、主动识别信息“重大性”之外，还要在内部控制体系下开展内幕交易防范工作，企业内部信息报送的制度建设及信息系统建设是必不可少的。

（一）信息报告的内容

作为法律规定，《证券法》第五十二条、第八十条第二款、第八十一条第二

款〔1〕规定了构成重大事件的信息类别及原则性规定。交易所规则从信息披

〔1〕《证券法》(2019年修订)

第五十二条规定:证券交易活动中,涉及发行人的经营、财务或者对该发行人证券的市场价格有重大影响的尚未公开的信息,为内幕信息。

本法第八十条第二款、第八十一条第二款所列重大事件属于内幕信息。

第八十条第二款规定:

前款所称重大事件包括:

(一)公司的经营方针和经营范围的重大变化;

(二)公司的重大投资行为,公司在一年内购买、出售重大资产超过公司资产总额百分之三十,或者公司营业用主要资产的抵押、质押、出售或者报废一次超过该资产的百分之三十;

(三)公司订立重要合同、提供重大担保或者从事关联交易,可能对公司的资产、负债、权益和经营成果产生重要影响;

(四)公司发生重大债务和未能清偿到期重大债务的违约情况;

(五)公司发生重大亏损或者重大损失;

(六)公司生产经营的外部条件发生的重大变化;

(七)公司的董事、三分之一以上监事或者经理发生变动,董事长或者经理无法履行职责;

(八)持有公司百分之五以上股份的股东或者实际控制人持有股份或者控制公司的情况发生较大变化,公司的实际控制人及其控制的其他企业从事与公司相同或者相似业务的情况发生较大变化;

(九)公司分配股利、增资的计划,公司股权结构的重要变化,公司减资、合并、分立、解散及申请破产的决定,或者依法进入破产程序、被责令关闭;

(十)涉及公司的重大诉讼、仲裁,股东大会、董事会决议被依法撤销或者宣告无效;

(十一)公司涉嫌犯罪被依法立案调查,公司的控股股东、实际控制人、董事、监事、高级管理人员涉嫌犯罪被依法采取强制措施;

(十二)国务院证券监督管理机构规定的其他事项。

第八十一条第二款规定:

前款所称重大事件包括:

(一)公司股权结构或者生产经营状况发生重大变化;

(二)公司债券信用评级发生变化;

(三)公司重大资产抵押、质押、出售、转让、报废;

(四)公司发生未能清偿到期债务的情况;

(五)公司新增借款或者对外提供担保超过上年末净资产的百分之二十;

(六)公司放弃债权或者财产超过上年末净资产的百分之十;

(七)公司发生超过上年末净资产百分之十的重大损失;

(八)公司分配股利,作出减资、合并、分立、解散及申请破产的决定,或者依法进入破产程序、被责令关闭;

(九)涉及公司的重大诉讼、仲裁;

(十)公司涉嫌犯罪被依法立案调查,公司的控股股东、实际控制人、董事、监事、高级管理人员涉嫌犯罪被依法采取强制措施;

(十一)国务院证券监督管理机构规定的其他事项。

露的角度,对应当及时披露的信息的种类进行了原则性扩充。以《深圳证券交易所创业板股票上市规则》(以下简称《上市规则》)为例,[1]第5.1.1条规定,信息披露的内容包括“所有可能对公司股票及其衍生品种交易价格或者投资决策产生较大影响的信息或事项(以下简称重大信息、重大事件或者重大事项)”。具体而言,重大事项可以分类交易类事项与非交易类事项,对于交易类事项,《上市规则》第七章作了详细的规定,包括交易类重大事项与关联交易事项。对于非交易类事项,《上市规则》第八章也有具体规定,主要在第8.2.5条、第8.6.3条以及第8.6.4条,包括重大风险事项、重大诉讼和其他应披露的重大信息。除此之外,当发生其他可能对公司的资产、负债、权益和经营成果产生重大影响的事项时,也需要及时报送和披露。

此外,上市公司子公司的财务、经营、交易等重大信息也是上市公司对外披露信息的重要组成部分。根据《深圳证券交易所上市公司自律监管指引第2号——创业板上市公司规范运作》[2]的相关规定,上市公司应当重点加强对控股子公司的管理控制,其中就包括制定控股子公司重大事项的内部报告制度,特别是可能影响上市公司证券交易价格的重要子公司的内部报告制度。同时,对于暂缓和豁免披露的信息也要求制定内部审批程序。

上市公司应当指定内部信息报告责任人制度。内部信息报告的第一责任人包括上市公司董监高、持股5%以上的股东、控股子公司的董监高及各部门、分支机构负责人等。由于上市公司经营与业务的复杂性,重大信息往往可能来自多个部门与不同方向,第一信息获取人分布于不同部门和主体,因此为便于管理和沟通,上述信息披露第一责任人可以指定联络人作为信息报送义务

[1] 注:2023年8月修订。
[2] 注:2023年8月修订。

人。信息披露义务人应当在第一时间内履行信息报送义务,对所报送信息的真实性、准确性、完整性承担责任。公司可以对可能发生的重大信息进行分类,将上报信息的责任落实到具体的部门和责任人员。

(二)内部重大信息的流程设计

1. 报送流程

重大信息内部报告涉及的报送流程较为复杂,可以实行自下而上的逐级实时报告制度,并制定重大信息内部报告台账,上市公司可以对需报送事项、报送责任人和报送的时效进行细化规定。公司董事长为公司对外信息披露工作的最终责任人。董秘作为负责上市公司信息披露工作的主要责任人,其下属的董事会办公室作为重大信息内部报送和公司信息披露事务的日常管理部门。

2. 实时报告制度

为保证重大信息能够及时、准确地报送至信息披露事务部门,上市公司应当建立重大信息实时报告制度:

(1)公司各部门出现、发生或即将发生重大事项时,负有报告义务的人员应将有关信息向公司董事长报告并知会董事会秘书,确保及时、真实、准确、完整,没有虚假、严重误导性陈述或重大遗漏。

(2)重大信息报送资料需由报告义务人签字(盖章)后方可报送董事长和董事会秘书。

(3)公司总经理及其他高级管理人员负有诚信责任,应时常敦促公司各部门、各下属分支机构、控股/参股公司对重大信息的收集、整理、报送工作。

(4)公司董事、监事、高级管理人员及因工作关系了解到公司应披露信息的人员，在该等信息尚未公开披露之前，负有保密义务。

（5）发生重大信息应报送而未及时报送的，公司可以依规追究负有报告义务有关人员的责任；如因此导致信息披露违规，由负有报告义务的有关人员承担责任；给公司造成严重影响或损失的，可给予负有报告义务的有关人员处分。

3. 报送时效

上市公司应对不同类型的重大事项划分不同的报送时效，对于需要定期统计或者累计统计的事项，可以制定定期上报制度，在每月的固定时间节点，由相关部门填写月报表，负责人签字，报送公司董事会办公室。对于即将发生但尚未执行的重大事件，应当在开始筹备时即向董事会办公室报告，并在重大信息发生更新、变化或进展时的第一时间报送董事会办公室，经判断需要披露的，需要在发生之日起2个交易日内及时披露。

4. 注意事项

在内部信息报送的过程中，上市公司应该做好保密工作，将内幕信息知情人尽量控制在最小范围内，并由董办做好内幕信息知情人登记工作。当尚未披露的重大事项难以再保密时，相关信息披露责任人应当及时通知上市公司发布提示性公告，披露有关事项的筹划情况、既有事实或进展情况。

上市公司应在公司内部定期或不定期组织重大信息内部报送制度的培训。在以信息披露为中心的注册制背景下，监管部门对上市公司的信息披露监管趋严，相关规则出台和修订更为频繁，公司董事会办公室需关注相关规则的更新，及时建立并完善重大信息内部报送制度，畅通重大信息的内部报送通道，加强公司内部相关信息披露义务人对于重大信息报送制度的理解和报告意识。

第二节 证券违法犯罪稽查工作介绍

证券违法犯罪稽查工作呈条块结合的模式展开。条线上是由证监会内部职能部门稽查局(首席稽查办公室)及直属事业单位稽查总队负责,其中稽查局的职能包括:拟定证券期货执法的法规、规章和规则;统一处理各类违法违规线索;组织非正式调查;办理立案、撤案等事宜;组织重大案件查办;协调、指导、督导案件调查及相关工作;复核案件调查报告;统一负责案情发布;协调跨境案件的办理;组织行业反洗钱工作;办理稽查边控、查封、冻结等强制手续;组织、协调行政处罚的执行;组织稽查考评、奖励;负责案件统计、培训工作。2007年,证监会成立稽查总队,提高了查办大要案和跨区域复杂案件的能力;设立专司案件审理的行政处罚委员会,确立了“查审分离”的执法体制。稽查总队的主要职责为承办重大、紧急案件,以及上级批办的其他案件。[1] 稽查总队目前内设22个职能处室,分别是办公室,党委办公室,纪检监察办公室,

〔1〕 来源于中国证券监督管理委员会官网。

调查一处至调查十五处，内审一处，内审二处，调查技术一处、二处。调查一处至调查十五处负责承办证券期货市场内幕交易、市场操纵、虚假陈述、欺诈发行等重大、紧急、敏感以及跨区域案件调查，十五个调查处分别由五个调查大队负责协调。内审一处、二处交叉分工，负责总队各调查处提交的调查终结案件的内审复核工作；调查技术一处至三处负责案件调查电子取证、数据分析、信息协查、案件管理、稽查办案系统开发等相关工作；纪检（监察）室负责总队廉政建设与纪检监察工作。[1]

区块上是由上海证券监督专员办事处、深圳证券监督专员办事处及地方证监局进行行政执法。目前，稽查系统已经形成稽查执法“一盘棋”的工作格局。由证监会稽查局负责统筹指挥、组织协调全系统稽查力量，稽查总队、沪深专员办负责查办重大案件，36 家证监局负责查办辖区案件及稽查局交办的重大案件。在案件查办组织力量上，证监部门强调统筹组织。对待重大疑难复杂案件，稽查部门通常采取跨单位组建调查力量，实现执法力量的统筹与最优化利用。

2013 年，证监会进一步明确了上海、深圳专员办的稽查执法职能，并授权派出机构开展行政处罚工作，稽查局统一指挥，稽查总队、沪深专员办专司大要案件办理，派出机构独立查审案件，行政处罚委员会主要负责重大案件审理并监督指导派出机构审理工作的执法体制架构基本形成。[2] 至此，证券行政执法的组织架构已全面建立，形成了条线结合、层次分明、查审分离的工作局面。

2002 年 1 月，公安部设立证券犯罪侦查机构并派驻证监会办公，是我国证券期货领域行政执法和刑事司法的结合与协作作出的“独特性的体制安排”。2021 年 7 月，中共中央办公厅、国务院办公厅印发《关于依法从严打击证券违法活动

---

〔1〕 来源于互联网公开信息。

〔2〕 参见程丹：《优化体制机制强化工作合力　谱写资本市场稽查执法新篇章》，载《证券时报网》2020 年 12 月 31 日。

的意见》。同年9月18日,最高人民检察院联合中国证券监督管理委员会围绕落实《关于依法从严打击证券违法活动的意见》,依法从严打击证券违法犯罪,合力维护金融市场秩序再放大招——成立最高人民检察院驻中国证监会检察室(以下简称驻会检察室)。驻会检察室的成立以及派驻中国证监会检察工作机制的建立与完善,对解决当前打击证券违法犯罪过程中的体制机制性问题提供制度保障,"融入式监督,助推行政处罚和刑事处罚无缝对接"[1]——驻会检察室的成立标志着证券期货行政执法与刑事司法的衔接已从组织协调上升至制度保障的层面。

2019年证监会出台《全面深化资本市场改革方案》,其中,"进一步提升稽查处罚效能"是重点改革任务之一。围绕改革目标,按照"四个敬畏,一个合力"的监管理念,证监部门调整案件查处机制和工作流程,优化线索筛查和协作机制建设,一方面,突出重点案件办理,形成案件分类分层分级管理的执法新格局,优化稽查执法和日常监管"总对总"的案件线索移送机制,进一步完善公司机构类、异常交易类案件线索发现机制,突出对重大案件线索的及时发现、精准锁定和快速查处,提升稽查部门查办重大案件的效能。另一方面,进一步完善行政刑事执法协作机制。依托公安机关的情报导侦,建立联合办案、协同办案等工作模式,形成对重大财务造假、恶性操纵市场及内幕交易等市场关注、影响恶劣的重大案件快查快移的工作态势,加强与相关部委的执法协作,建立健全与审计署、人民银行、银保监会、工信部等相关部委的执法合作机制,形成有效的执法合力,共同打击证券违法活动。[2]

---

〔1〕 最高人民检察院:《探秘! 最高检驻中国证监会检察室挂牌的背后》,2021年9月18日,载最高人民检察院官网。

〔2〕 最高人民检察院:《探秘! 最高检驻中国证监会检察室挂牌的背后》,2021年9月18日,载最高人民检察院官网。

现行相关法律法规、司法解释

附　录

Appendix

一、中华人民共和国刑法（2023 年修正）（节选）

第一百八十条　证券、期货交易内幕信息的知情人员或者非法获取证券、期货交易内幕信息的人员，在涉及证券的发行，证券、期货交易或者其他对证券、期货交易价格有重大影响的信息尚未公开前，买入或者卖出该证券，或者从事与该内幕信息有关的期货交易，或者泄露该信息，或者明示、暗示他人从事上述交易活动，情节严重的，处五年以下有期徒刑或者拘役，并处或者单处违法所得一倍以上五倍以下罚金；情节特别严重的，处五年以上十年以下有期徒刑，并处违法所得一倍以上五倍以下罚金。

单位犯前款罪的，对单位判处罚金，并对其直接负责的主管人员和其他直接责任人员，处五年以下有期徒刑或者拘役。

内幕信息、知情人员的范围，依照法律、行政法规的规定确定。

证券交易所、期货交易所、证券公司、期货经纪公司、基金管理公司、商业银行、保险公司等金融机构的从业人员以及有关监管部门或者行业协会的工作人员，利用因职务便利获取的内幕信息以外的其他未公开的信息，违反规定，从事与该信息相关的证券、期货交易活动，或者明示、暗示他人从事相关交易活动，情节严重的，依照第一款的规定处罚。

二、最高人民法院、最高人民检察院关于办理内幕交易、泄露内幕信息刑事案件具体应用法律若干问题的解释（法释〔2012〕6号）

为维护证券、期货市场管理秩序，依法惩治证券、期货犯罪，根据刑法有关规定，现就办理内幕交易、泄露内幕信息刑事案件具体应用法律的若干问题解释如下：

第一条 下列人员应当认定为刑法第一百八十条第一款规定的"证券、期货交易内幕信息的知情人员"：

（一）证券法第七十四条规定的人员；

（二）期货交易管理条例第八十五条第十二项规定的人员。

第二条 具有下列行为的人员应当认定为刑法第一百八十条第一款规定的"非法获取证券、期货交易内幕信息的人员"：

（一）利用窃取、骗取、套取、窃听、利诱、刺探或者私下交易等手段获取内幕信息的；

（二）内幕信息知情人员的近亲属或者其他与内幕信息知情人员关系密切的人员，在内幕信息敏感期内，从事或者明示、暗示他人从事，或者泄露内幕信息导致他人从事与该内幕信息有关的证券、期货交易，相关交易行为明显异常，且无正当理由或者正当信息来源的；

（三）在内幕信息敏感期内，与内幕信息知情人员联络、接触，从事或者明示、暗示他人从事，或者泄露内幕信息导致他人从事与该内幕信息有关的证券、期货交易，相关交易行为明显异常，且无正当理由或者正当信息来源的。

第三条　本解释第二条第二项、第三项规定的“相关交易行为明显异常”，要综合以下情形，从时间吻合程度、交易背离程度和利益关联程度等方面予以认定：

（一）开户、销户、激活资金账户或者指定交易（托管）、撤销指定交易（转托管）的时间与该内幕信息形成、变化、公开时间基本一致的；

（二）资金变化与该内幕信息形成、变化、公开时间基本一致的；

（三）买入或者卖出与内幕信息有关的证券、期货合约时间与内幕信息的形成、变化和公开时间基本一致的；

（四）买入或者卖出与内幕信息有关的证券、期货合约时间与获悉内幕信息的时间基本一致的；

（五）买入或者卖出证券、期货合约行为明显与平时交易习惯不同的；

（六）买入或者卖出证券、期货合约行为，或者集中持有证券、期货合约行为与该证券、期货公开信息反映的基本面明显背离的；

（七）账户交易资金进出与该内幕信息知情人员或者非法获取人员有关联或者利害关系的；

（八）其他交易行为明显异常情形。

第四条　具有下列情形之一的，不属于刑法第一百八十条第一款规定的从事与内幕信息有关的证券、期货交易：

（一）持有或者通过协议、其他安排与他人共同持有上市公司百分之五以上股份的自然人、法人或者其他组织收购该上市公司股份的；

（二）按照事先订立的书面合同、指令、计划从事相关证券、期货交易的；

（三）依据已被他人披露的信息而交易的；

（四）交易具有其他正当理由或者正当信息来源的。

第五条　本解释所称“内幕信息敏感期”是指内幕信息自形成至公开的

期间。

证券法第六十七条第二款所列“重大事件”的发生时间，第七十五条规定的“计划”、“方案”以及期货交易管理条例第八十五条第十一项规定的“政策”、“决定”等的形成时间，应当认定为内幕信息的形成之时。

影响内幕信息形成的动议、筹划、决策或者执行人员，其动议、筹划、决策或者执行初始时间，应当认定为内幕信息的形成之时。

内幕信息的公开，是指内幕信息在国务院证券、期货监督管理机构指定的报刊、网站等媒体披露。

第六条 在内幕信息敏感期内从事或者明示、暗示他人从事或者泄露内幕信息导致他人从事与该内幕信息有关的证券、期货交易，具有下列情形之一的，应当认定为刑法第一百八十条第一款规定的“情节严重”：

（一）证券交易成交额在五十万元以上的；

（二）期货交易占用保证金数额在三十万元以上的；

（三）获利或者避免损失数额在十五万元以上的；

（四）三次以上的；

（五）具有其他严重情节的。

第七条 在内幕信息敏感期内从事或者明示、暗示他人从事或者泄露内幕信息导致他人从事与该内幕信息有关的证券、期货交易，具有下列情形之一的，应当认定为刑法第一百八十条第一款规定的“情节特别严重”：

（一）证券交易成交额在二百五十万元以上的；

（二）期货交易占用保证金数额在一百五十万元以上的；

（三）获利或者避免损失数额在七十五万元以上的；

（四）具有其他特别严重情节的。

第八条 二次以上实施内幕交易或者泄露内幕信息行为，未经行政处理或者刑事处理的,应当对相关交易数额依法累计计算。

第九条　同一案件中,成交额、占用保证金额、获利或者避免损失额分别构成情节严重、情节特别严重的,按照处罚较重的数额定罪处罚。

构成共同犯罪的,按照共同犯罪行为人的成交总额、占用保证金总额、获利或者避免损失总额定罪处罚,但判处各被告人罚金的总额应掌握在获利或者避免损失总额的一倍以上五倍以下。

第十条　刑法第一百八十条第一款规定的"违法所得",是指通过内幕交易行为所获利益或者避免的损失。

内幕信息的泄露人员或者内幕交易的明示、暗示人员未实际从事内幕交易的,其罚金数额按照因泄露而获悉内幕信息人员或者被明示、暗示人员从事内幕交易的违法所得计算。

第十一条　单位实施刑法第一百八十条第一款规定的行为,具有本解释第六条规定情形之一的,按照刑法第一百八十条第二款的规定定罪处罚。

三、中华人民共和国证券法(2019年修订)(节选)

第五条　证券的发行、交易活动,必须遵守法律、行政法规;禁止欺诈、内幕交易和操纵证券市场的行为。

第五十条　禁止证券交易内幕信息的知情人和非法获取内幕信息的人利用内幕信息从事证券交易活动。

第五十一条　证券交易内幕信息的知情人包括:

(一)发行人及其董事、监事、高级管理人员;

(二)持有公司百分之五以上股份的股东及其董事、监事、高级管理人员,公司的实际控制人及其董事、监事、高级管理人员；

(三)发行人控股或者实际控制的公司及其董事、监事、高级管理人员；

(四)由于所任公司职务或者因与公司业务往来可以获取公司有关内幕信息的人员；

(五)上市公司收购人或者重大资产交易方及其控股股东、实际控制人、董事、监事和高级管理人员；

(六)因职务、工作可以获取内幕信息的证券交易场所、证券公司、证券登记结算机构、证券服务机构的有关人员；

(七)因职责、工作可以获取内幕信息的证券监督管理机构工作人员；

(八)因法定职责对证券的发行、交易或者对上市公司及其收购、重大资产交易进行管理可以获取内幕信息的有关主管部门、监管机构的工作人员；

(九)国务院证券监督管理机构规定的可以获取内幕信息的其他人员。

第五十二条 证券交易活动中,涉及发行人的经营、财务或者对该发行人证券的市场价格有重大影响的尚未公开的信息,为内幕信息。

本法第八十条第二款、第八十一条第二款所列重大事件属于内幕信息。

第五十三条 证券交易内幕信息的知情人和非法获取内幕信息的人,在内幕信息公开前,不得买卖该公司的证券,或者泄露该信息,或者建议他人买卖该证券。

持有或者通过协议、其他安排与他人共同持有公司百分之五以上股份的自然人、法人、非法人组织收购上市公司的股份,本法另有规定的,适用其规定。

内幕交易行为给投资者造成损失的,应当依法承担赔偿责任。

第五十四条 禁止证券交易场所、证券公司、证券登记结算机构、证券服务机构和其他金融机构的从业人员、有关监管部门或者行业协会的工作人员,利用因职务便利获取的内幕信息以外的其他未公开的信息，违反规定，从事与该信息相关的证券交易活动，或者明示、暗示他人从事相关交易活动。

利用未公开信息进行交易给投资者造成损失的，应当依法承担赔偿责任。

第一百七十条　国务院证券监督管理机构依法履行职责，有权采取下列措施：

（一）对证券发行人、证券公司、证券服务机构、证券交易场所、证券登记结算机构进行现场检查；

（二）进入涉嫌违法行为发生场所调查取证；

（三）询问当事人和与被调查事件有关的单位和个人，要求其对与被调查事件有关的事项作出说明；或者要求其按照指定的方式报送与被调查事件有关的文件和资料；

（四）查阅、复制与被调查事件有关的财产权登记、通讯记录等文件和资料；

（五）查阅、复制当事人和与被调查事件有关的单位和个人的证券交易记录、登记过户记录、财务会计资料及其他相关文件和资料；对可能被转移、隐匿或者毁损的文件和资料，可以予以封存、扣押；

（六）查询当事人和与被调查事件有关的单位和个人的资金账户、证券账户、银行账户以及其他具有支付、托管、结算等功能的账户信息，可以对有关文件和资料进行复制；对有证据证明已经或者可能转移或者隐匿违法资金、证券等涉案财产或者隐匿、伪造、毁损重要证据的，经国务院证券监督管理机构主要负责人或者其授权的其他负责人批准，可以冻结或者查封，期限为六个月；因特殊原因需要延长的，每次延长期限不得超过三个月，冻结、查封期限最长不得超过二年；

（七）在调查操纵证券市场、内幕交易等重大证券违法行为时，经国务院证券监督管理机构主要负责人或者其授权的其他负责人批准,可以限制被调查的当事人的证券买卖,但限制的期限不得超过三个月;案情复杂的,可以延长三个月;

(八)通知出境入境管理机关依法阻止涉嫌违法人员、涉嫌违法单位的主管人员和其他直接责任人员出境。

为防范证券市场风险,维护市场秩序,国务院证券监督管理机构可以采取责令改正、监管谈话、出具警示函等措施。

第一百九十一条 证券交易内幕信息的知情人或者非法获取内幕信息的人违反本法第五十三条的规定从事内幕交易的,责令依法处理非法持有的证券,没收违法所得,并处以违法所得一倍以上十倍以下的罚款;没有违法所得或者违法所得不足五十万元的,处以五十万元以上五百万元以下的罚款。单位从事内幕交易的,还应当对直接负责的主管人员和其他直接责任人员给予警告,并处以二十万元以上二百万元以下的罚款。国务院证券监督管理机构工作人员从事内幕交易的,从重处罚。

违反本法第五十四条的规定,利用未公开信息进行交易的,依照前款的规定处罚。

四、最高人民法院、最高人民检察院、公安部、中国证监会关于办理证券期货违法犯罪案件工作若干问题的意见(证监发〔2011〕30号)

为加强办理证券期货违法犯罪案件工作,完善行政执法与刑事司法的衔接机制,进一步依法有效惩治证券期货违法犯罪,提出如下意见:

一、证券监管机构依据行政机关移送涉嫌犯罪案件的有关规定，在办理可能移送公安机关查处的证券期货违法案件过程中，经履行批准程序，可商请公安机关协助查询、复制被调查对象的户籍、出入境信息等资料，对有关涉案人员按照相关规定采取边控、报备措施。证券监管机构向公安机关提出请求时，应当明确协助办理的具体事项，提供案件情况及相关材料。

二、证券监管机构办理证券期货违法案件，案情重大、复杂、疑难的，可商请公安机关就案件性质、证据等问题提出参考意见；对有证据表明可能涉嫌犯罪的行为人可能逃匿或者销毁证据的，证券监管机构应当及时通知公安机关；涉嫌犯罪的，公安机关应当及时立案侦查。

三、证券监管机构与公安机关建立和完善协调会商机制。证券监管机构依据行政机关移送涉嫌犯罪案件的有关规定，在向公安机关移送重大、复杂、疑难的涉嫌证券期货犯罪案件前，应当启动协调会商机制，就行为性质认定、案件罪名适用、案件管辖等问题进行会商。

四、公安机关、人民检察院和人民法院在办理涉嫌证券期货犯罪案件过程中，可商请证券监管机构指派专业人员配合开展工作，协助查阅、复制有关专业资料。证券监管机构可以根据司法机关办案需要，依法就案件涉及的证券期货专业问题向司法机关出具认定意见。

五、司法机关对证券监管机构随案移送的物证、书证、鉴定结论、视听资料、现场笔录等证据要及时审查，作出是否立案的决定；随案移送的证据，经法定程序查证属实的，可作为定案的根据。

六、证券监管机构依据行政机关移送涉嫌犯罪案件的有关规定向公安机关移交证据，应当制作证据移交清单，双方经办人员应当签字确认，加盖公章，相关证据随证据移交清单一并移交。

七、对涉众型证券期货犯罪案件，在已收集的证据能够充分证明基本犯罪事实的前提下,公安机关可在被调查对象范围内按一定比例收集和调取书证、被害人陈述、证人证言等相关证据。

八、以证券交易所、期货交易所、证券登记结算机构、期货保证金监控机构以及证券公司、期货公司留存的证券期货委托记录和交易记录、登记存管结算资料等电子数据作为证据的,数据提供单位应以电子光盘或者其他载体记录相关原始数据,并说明制作方法、制作时间及制作人等信息,并由复制件制作人和原始电子数据持有人签名或盖章。

九、发行人、上市公司或者其他信息披露义务人在证券监管机构指定的信息披露媒体、信息披露义务人或证券交易所网站发布的信息披露公告,其打印件或据此制作的电子光盘,经核对无误后,说明其来源、制作人、制作时间、制作地点等的,可作为刑事证据使用,但有其他证据证明打印件或光盘内容与公告信息不一致的除外。

十、涉嫌证券期货犯罪的第一审案件,由中级人民法院管辖,同级人民检察院负责提起公诉,地(市)级以上公安机关负责立案侦查。

五、最高人民法院、中国证券监督管理委员会关于全面推进证券期货纠纷多元化解机制建设的意见(法〔2018〕305号)

一、工作目标

1. 建立、健全有机衔接、协调联动、高效便民的证券期货纠纷多元化解机制,依法保护投资者的合法权益,维护公开、公平、公正的资本市场秩序,促进资本市场的和谐健康发展。

二、工作原则

2. 依法公正原则。充分尊重投资者的程序选择权，严格遵守法定程序。调解工作的开展不得违反法律的基本原则，不得损害国家利益、社会公共利益和第三人合法权益。

3. 灵活便民原则。着眼于纠纷的实际情况，灵活确定纠纷化解的方式、时间和地点，尽可能方便投资者，降低当事人解决纠纷的成本。调解工作应当明确办理时限，提高工作效率，不得久调不决。

4. 注重预防原则。发挥调解的矛盾预防和源头治理功能，推动健康投资文化、投资理念、投资知识的传播。人民法院、证券期货监管机构及调解组织要加强信息共享，防止矛盾纠纷积累、激化。

三、工作内容

（一）加强调解组织管理

5. 加强证券期货调解组织建设。证券期货调解组织是指由证券期货监管机构、行业组织等设立或实际管理的调解机构，应当具有规范的组织形式、固定的办公场所及调解场地、专业的调解人员和健全的调解工作制度。中国证券监督管理委员会负责证券期货调解组织的认定和管理工作，定期商最高人民法院后公布。

6. 规范调解组织内部管理。调解组织应当制定工作制度和流程管理，建立科学的考核评估体系和责任追究制度。

7. 加强调解员队伍建设。调解组织应当加强调解员政治思想、职业道德建设和专业技能培训，完善调解员从业基本要求，制定调解员工作指南，建立、完善专职或专家调解员制度。

8. 调解组织受理中小投资者的纠纷调解申请，不收取费用。

9. 建立证券期货纠纷特邀调解组织和特邀调解员名册制度。各级人民法院应当将调解组织及其调解员纳入名册,做好动态更新和维护,并向证券期货纠纷当事人提供完整、准确的调解组织和调解员信息,供当事人自愿选择。

(二)健全诉调对接工作机制

10. 证券期货纠纷多元化解机制范围。自然人、法人和非法人组织之间因证券、期货、基金等资本市场投资业务产生的合同和侵权责任纠纷,均属调解范围。证券期货监管机构、调解组织的非诉讼调解、先行赔付等,均可与司法诉讼对接。

11. 调解协议的司法确认制度。经调解组织主持调解达成的调解协议,具有民事合同性质。经调解员和调解组织签字盖章后,当事人可以申请有管辖权的人民法院确认其效力。当事人申请确认调解协议的案件,按照《中华人民共和国民事诉讼法》第十五章第六节和相关司法解释的规定执行。

经人民法院确认有效的具有明确给付主体和给付内容的调解协议,一方拒绝履行的,对方当事人可以申请人民法院强制执行。

12. 落实委派调解或者委托调解机制。人民法院在受理和审理证券期货纠纷的过程中,应当依法充分行使释明权,经双方当事人同意,采取立案前委派、立案后委托、诉中邀请等方式,引导当事人通过调解组织解决纠纷。

经人民法院委派调解并达成调解协议、当事人申请司法确认的,由委派调解的人民法院依法受理。

13. 建立示范判决机制。证券期货监管机构在清理处置大规模群体性纠纷的过程中,可以将涉及投资者权利保护的相关事宜委托调解组织进行集中调解。对虚假陈述、内幕交易、操纵市场等违法行为引发的民事赔偿群体性纠纷,需要人民法院通过司法判决宣示法律规则、统一法律适用的,受诉人民法院可选取在事实认定、法律适用上具有代表性的若干个案作为示范案件,先行审理并及时作出判决;通过示范判决所确立的事实认定和法律适用标准,引导其他当事人通过证券期货纠纷多元化解机制解决纠纷，降低投资者维权成本，提高矛盾化解效率。

14. 建立小额速调机制。为更好化解资本市场纠纷，鼓励证券期货市场经营主体基于自愿原则与调解组织事先签订协议，承诺在一定金额内无条件接受该调解组织提出的调解建议方案。纠纷发生后，经投资者申请，调解组织提出调解建议方案在该金额内的，如投资者同意，视为双方已自愿达成调解协议，证券期货市场经营主体应当接受。当事人就此申请司法确认该调解协议的，人民法院应当依法办理。

15. 探索建立无争议事实记载机制。调解程序终结时，当事人未达成调解协议的，调解员在征得各方当事人同意后，可以用书面形式记载调解过程中双方没有争议的事实，并由当事人签字确认。在诉讼程序中，除涉及国家利益、社会公共利益和他人合法权益的外，当事人无需对调解过程中确认的无争议事实举证。

16. 探索建立调解前置程序。有条件的人民法院对证券、期货、基金等适宜调解的纠纷，在征求当事人意愿的基础上，引导当事人在诉讼登记立案前由特邀调解组织或者特邀调解员先行调解。

17. 充分运用在线纠纷解决方式开展工作。依托“中国投资者网”（www.investor.gov.cn）建设证券期货纠纷在线解决平台，并与人民法院办案信息平台连通，方便诉讼与调解在线对接。调解组织应当充分运用“中国投资者网”等现代传媒手段，把“面对面”与网络对话、即时化解等方式有机结合，研究制定在线纠纷解决规则，并总结推广远程调解等做法。各级人民法院要借助互联网等现代科技手段，探索开展在线委托或委派调解、调解协议在线司法确认，通过接受相关申请、远程审查和确认、快捷专业服务渠道、电子督促、电子送达等方法方便当事人参与多元化解工作，提高工作质量和效率。

（三）强化纠纷多元化解机制保障落实

18. 充分发挥督促程序功能。符合法定条件的调解协议，可以作为当事人向有管辖权的基层人民法院申请支付令的依据。

19. 调解协议所涉纠纷的司法审理范围。当事人就调解协议的履行或者调解协议的内容发生争议的，可以就调解协议问题向人民法院提起诉讼，人民法院按照合同纠纷进行审理。当事人一方以原纠纷向人民法院提起诉讼，对方当事人以调解协议抗辩并提供调解协议书的，人民法院应当就调解协议的内容进行审理。

20. 加大对多元化解机制的监管支持力度。投资者申请采用调解方式解决纠纷的，证券期货市场经营主体应当积极参与调解，配合人民法院、调解组织查明事实。对于证券期货市场经营主体无正当理由拒不履行已达成的调解协议的，证券期货监管机构应当依法记入证券期货市场诚信档案数据库。

21. 加强执法联动，严厉打击损害投资者合法权益的行为。人民法院和证券期货监管机构应当充分发挥各自职能优势，对损毁证据、转移财产等可能损害投资者合法权益的行为，依法及时采取保全措施。对工作中发现的违法、违规行为，及时予以查处；涉嫌犯罪的，依法移送有关司法机关处理。

22. 加强经费保障和人员培训。证券期货监管机构、行业自律组织等应当为建立健全证券期货纠纷多元化解机制提供必要的人员、经费和物质保障，加大对调解员的培训力度；有条件的人民法院应当提供专门处理证券期货纠纷的调解室，供特邀调解组织、调解员开展工作。建立人民法院与证券期货监管机构多层次联合培训机制，不断加强业务交流的广度和深度。

四、工作要求

23. 建立证券期货纠纷多元化解协调机制。各高级人民法院和证券期货监管机构应当各自指定联系部门和联系人，对工作中遇到的问题加强协调；强化沟通联系和信息共享，构建完善的证券期货纠纷排查预警机制，防止矛盾纠纷积累激化。

24. 加强宣传和投资者教育工作。人民法院和证券期货监管机构、行业自律组织、投资者保护专门机构、调解组织应当通过多种途径，及时总结和宣传典型案例，发挥示范教育作用；加大对证券期货纠纷多元化解机制的宣传力度，增进各方对多元化解机制的认识，引导中小投资者转变观念、理性维权。

25. 加强监督、指导、协调和管理。最高人民法院民事审判第二庭与中国证券监督管理委员会投资者保护局成立证券期货纠纷多元化解机制工作小组，具体负责证券期货纠纷多元化解机制建设的指导和协调工作。各高级人民法院要指导、督促、检查辖区内人民法院落实好证券期货多元化解机制各项工作要求。中国证券监督管理委员会负责监督指导各调解组织工作；各派出机构负责督促辖区内相关调解组织加强内部管理和规范运作，指导并支持各调解组织在本辖区开展工作。地方各级人民法院和证券期货监管机构应当将工作情况和遇到的问题，及时层报最高人民法院和中国证券监督管理委员会。

六、最高人民检察院、公安部关于公安机关管辖的刑事案件立案追诉标准的规定(二)(2022年5月15日施行)(节选)

第三十条　〔内幕交易、泄露内幕信息案(刑法第一百八十条第一款)〕证券、期货交易内幕信息的知情人员、单位或者非法获取证券、期货交易内幕信息的人员、单位，在涉及证券的发行，证券、期货交易或者其他对证券、期货交易价格有重大影响的信息尚未公开前，买入或者卖出该证券，或者从事与该内幕信息有关的期货交易，或者泄露该信息，或者明示、暗示他人从事上述交易活动，涉嫌下列情形之一的，应予立案追诉：

（一）获利或者避免损失数额在五十万元以上的；

（二）证券交易成交额在二百万元以上的；

（三）期货交易占用保证金数额在一百万元以上的；

（四）二年内三次以上实施内幕交易、泄露内幕信息行为的；

（五）明示、暗示三人以上从事与内幕信息相关的证券、期货交易活动的；

（六）具有其他严重情节的。

内幕交易获利或者避免损失数额在二十五万元以上，或者证券交易成交额在一百万元以上，或者期货交易占用保证金数额在五十万元以上，同时涉嫌下列情形之一的，应予立案追诉：

（一）证券法规定的证券交易内幕信息的知情人实施或者与他人共同实施内幕交易行为的；

（二）以出售或者变相出售内幕信息等方式，明示、暗示他人从事与该内幕信息相关的交易活动的；

（三）因证券、期货犯罪行为受过刑事追究的；

（四）二年内因证券、期货违法行为受过行政处罚的；

（五）造成其他严重后果的。

第三十一条　〔利用未公开信息交易案（刑法第一百八十条第四款）〕证券交易所、期货交易所、证券公司、期货公司、基金管理公司、商业银行、保险公司等金融机构的从业人员以及有关监管部门或者行业协会的工作人员，利用因职务便利获取的内幕信息以外的其他未公开的信息，违反规定，从事与该信息相关的证券、期货交易活动，或者明示、暗示他人从事相关交易活动，涉嫌下列情形之一的，应予立案追诉：

（一）获利或者避免损失数额在一百万元以上的；

（二）二年内三次以上利用未公开信息交易的；

（三）明示、暗示三人以上从事相关交易活动的；

（四）具有其他严重情节的。

利用未公开信息交易，获利或者避免损失数额在五十万元以上，或者证券交易成交额在五百万元以上，或者期货交易占用保证金数额在一百万元以上，同时涉嫌下列情形之一的，应予立案追诉：

（一）以出售或者变相出售未公开信息等方式，明示、暗示他人从事相关交易活动的；

（二）因证券、期货犯罪行为受过刑事追究的；

（三）二年内因证券、期货违法行为受过行政处罚的；

（四）造成其他严重后果的。

七、期货交易管理条例（2017年修订）（节选）

第三条　从事期货交易活动，应当遵循公开、公平、公正和诚实信用的原则。禁止欺诈、内幕交易和操纵期货交易价格等违法行为。

第四十七条　国务院期货监督管理机构依法履行职责，可以采取下列措施：

（一）对期货交易所、期货公司及其他期货经营机构、非期货公司结算会员、期货保证金安全存管监控机构和交割仓库进行现场检查。

（二）进入涉嫌违法行为发生场所调查取证。

（三）询问当事人和与被调查事件有关的单位和个人，要求其对与被调查事件有关的事项作出说明。

(四)查阅、复制与被调查事件有关的财产权登记等资料。

(五)查阅、复制当事人和与被调查事件有关的单位和个人的期货交易记录、财务会计资料以及其他相关文件和资料;对可能被转移、隐匿或者毁损的文件和资料,可以予以封存。

(六)查询与被调查事件有关的单位的保证金账户和银行账户。

(七)在调查操纵期货交易价格、内幕交易等重大期货违法行为时,经国务院期货监督管理机构主要负责人批准,可以限制被调查事件当事人的期货交易,但限制的时间不得超过 15 个交易日;案情复杂的,可以延长至 30 个交易日。

(八)法律、行政法规规定的其他措施。

第六十九条 期货交易内幕信息的知情人或者非法获取期货交易内幕信息的人,在对期货交易价格有重大影响的信息尚未公开前,利用内幕信息从事期货交易,或者向他人泄露内幕信息,使他人利用内幕信息进行期货交易的,没收违法所得,并处违法所得 1 倍以上 5 倍以下的罚款;没有违法所得或者违法所得不满 10 万元的,处 10 万元以上 50 万元以下的罚款。单位从事内幕交易的,还应当对直接负责的主管人员和其他直接责任人员给予警告,并处 3 万元以上 30 万元以下的罚款。

国务院期货监督管理机构、期货交易所和期货保证金安全存管监控机构的工作人员进行内幕交易的,从重处罚。

第八十一条 本条例下列用语的含义:

(一)商品期货合约,是指以农产品、工业品、能源和其他商品及其相关指数产品为标的物的期货合约。

(二)金融期货合约,是指以有价证券、利率、汇率等金融产品及其相关指数产品为标的物的期货合约。

（三）保证金，是指期货交易者按照规定交纳的资金或者提交的价值稳定、流动性强的标准仓单、国债等有价证券，用于结算和保证履约。

（四）结算，是指根据期货交易所公布的结算价格对交易双方的交易结果进行的资金清算和划转。

（五）交割，是指合约到期时，按照期货交易所的规则和程序，交易双方通过该合约所载标的物所有权的转移，或者按照规定结算价格进行现金差价结算，了结到期未平仓合约的过程。

（六）平仓，是指期货交易者买入或者卖出与其所持合约的品种、数量和交割月份相同但交易方向相反的合约，了结期货交易的行为。

（七）持仓量，是指期货交易者所持有的未平仓合约的数量。

（八）持仓限额，是指期货交易所对期货交易者的持仓量规定的最高数额。

（九）标准仓单，是指交割仓库开具并经期货交易所认定的标准化提货凭证。

（十）涨跌停板，是指合约在 1 个交易日中的交易价格不得高于或者低于规定的涨跌幅度，超出该涨跌幅度的报价将被视为无效，不能成交。

（十一）内幕信息，是指可能对期货交易价格产生重大影响的尚未公开的信息，包括：国务院期货监督管理机构以及其他相关部门制定的对期货交易价格可能发生重大影响的政策，期货交易所作出的可能对期货交易价格发生重大影响的决定，期货交易所会员、客户的资金和交易动向以及国务院期货监督管理机构认定的对期货交易价格有显著影响的其他重要信息。

（十二）内幕信息的知情人员，是指由于其管理地位、监督地位或者职业地位，或者作为雇员、专业顾问履行职务，能够接触或者获得内幕信息的人员，包括：期货交易所的管理人员以及其他由于任职可获取内幕信息的从业人员，国务院期货监督管理机构和其他有关部门的工作人员以及国务院期货监督管理机构规定的其他人员。

八、最高人民法院、最高人民检察院关于办理利用未公开信息交易刑事案件适用法律若干问题的解释(法释〔2019〕10号)

为依法惩治证券、期货犯罪,维护证券、期货市场管理秩序,促进证券、期货市场稳定健康发展,保护投资者合法权益,根据《中华人民共和国刑法》《中华人民共和国刑事诉讼法》的规定,现就办理利用未公开信息交易刑事案件适用法律的若干问题解释如下:

第一条 刑法第一百八十条第四款规定的“内幕信息以外的其他未公开的信息”,包括下列信息:

(一)证券、期货的投资决策、交易执行信息;

(二)证券持仓数量及变化、资金数量及变化、交易动向信息;

(三)其他可能影响证券、期货交易活动的信息。

第二条 内幕信息以外的其他未公开的信息难以认定的,司法机关可以在有关行政主(监)管部门的认定意见的基础上,根据案件事实和法律规定作出认定。

第三条 刑法第一百八十条第四款规定的“违反规定”,是指违反法律、行政法规、部门规章、全国性行业规范有关证券、期货未公开信息保护的规定,以及行为人所在的金融机构有关信息保密、禁止交易、禁止利益输送等规定。

第四条 刑法第一百八十条第四款规定的行为人“明示、暗示他人从事相关交易活动”，应当综合以下方面进行认定：

（一）行为人具有获取未公开信息的职务便利；

（二）行为人获取未公开信息的初始时间与他人从事相关交易活动的初始时间具有关联性；

（三）行为人与他人之间具有亲友关系、利益关联、交易终端关联等关联关系；

（四）他人从事相关交易的证券、期货品种、交易时间与未公开信息所涉证券、期货品种、交易时间等方面基本一致；

（五）他人从事的相关交易活动明显不具有符合交易习惯、专业判断等正当理由；

（六）行为人对明示、暗示他人从事相关交易活动没有合理解释。

第五条　利用未公开信息交易，具有下列情形之一的，应当认定为刑法第一百八十条第四款规定的“情节严重”：

（一）违法所得数额在一百万元以上的；

（二）二年内三次以上利用未公开信息交易的；

（三）明示、暗示三人以上从事相关交易活动的。

第六条　利用未公开信息交易，违法所得数额在五十万元以上，或者证券交易成交额在五百万元以上，或者期货交易占用保证金数额在一百万元以上，具有下列情形之一的，应当认定为刑法第一百八十条第四款规定的“情节严重”：

（一）以出售或者变相出售未公开信息等方式，明示、暗示他人从事相关交易活动的；

（二）因证券、期货犯罪行为受过刑事追究的；

（三）二年内因证券、期货违法行为受过行政处罚的；

(四)造成恶劣社会影响或者其他严重后果的。

第七条 刑法第一百八十条第四款规定的“依照第一款的规定处罚”,包括该条第一款关于“情节特别严重”的规定。

利用未公开信息交易,违法所得数额在一千万元以上的,应当认定为“情节特别严重”。

违法所得数额在五百万元以上,或者证券交易成交额在五千万元以上,或者期货交易占用保证金数额在一千万元以上,具有本解释第六条规定的四种情形之一的,应当认定为“情节特别严重”。

第八条 二次以上利用未公开信息交易,依法应予行政处理或者刑事处理而未经处理的,相关交易数额或者违法所得数额累计计算。

第九条 本解释所称“违法所得”,是指行为人利用未公开信息从事与该信息相关的证券、期货交易活动所获利益或者避免的损失。

行为人明示、暗示他人利用未公开信息从事相关交易活动,被明示、暗示人员从事相关交易活动所获利益或者避免的损失,应当认定为“违法所得”。

第十条 行为人未实际从事与未公开信息相关的证券、期货交易活动的,其罚金数额按照被明示、暗示人员从事相关交易活动的违法所得计算。

第十一条 符合本解释第五条、第六条规定的标准,行为人如实供述犯罪事实,认罪悔罪,并积极配合调查,退缴违法所得的,可以从轻处罚;其中犯罪情节轻微的,可以依法不起诉或者免予刑事处罚。

符合刑事诉讼法规定的认罪认罚从宽适用范围和条件的,依照刑事诉讼法的规定处理。

第十二条 本解释自 2019 年 7 月 1 日起施行。

九、中共中央办公厅、国务院办公厅印发《关于依法从严打击证券违法活动的意见》(2021年7月6日)

近日,中共中央办公厅、国务院办公厅印发了《关于依法从严打击证券违法活动的意见》,并发出通知,要求各地区各部门结合实际认真贯彻落实。

《关于依法从严打击证券违法活动的意见》主要内容如下。

打击证券违法活动是维护资本市场秩序、有效发挥资本市场枢纽功能的重要保障。党的十八大以来,各有关方面认真贯彻党中央、国务院决策部署,扎实推进资本市场执法司法体系建设,依法打击资本市场违法活动,维护投资者合法权益,取得积极成效。同时,在经济金融环境深刻变化、资本市场改革开放不断深化背景下,资本市场违法行为仍较为突出,案件查处难度加大,相关执法司法等工作面临新形势新挑战。为进一步推动资本市场高质量发展,现就依法从严打击证券违法活动提出如下意见。

一、总体要求

(一)指导思想。以习近平新时代中国特色社会主义思想为指导,全面贯彻党的十九大和十九届二中、三中、四中、五中全会精神,坚持市场化、法治化方向,坚持建制度、不干预、零容忍,加强资本市场基础制度建设,健全依法从严打击证券违法活动体制机制,提高执法司法效能,有效防范化解重大风险,为加快建设规范、透明、开放、有活力、有韧性的资本市场提供有力支撑。

(二)工作原则

——坚持零容忍要求。依法严厉查处证券违法犯罪案件,加大对大案要案的查处力度,加强诚信约束惩戒,强化震慑效应。

——坚持法治原则。遵循公开、公平、公正原则,坚持严格执法、公正司法,统一标准、规范程序,提高专业化水平,提升透明度,不断增强公信力。

——坚持统筹协调。加强证券期货监督管理机构与公安、司法、市场监管等部门及有关地方的工作协同,形成高效打击证券违法活动的合力。

——坚持底线思维。将依法从严打击证券违法活动与有效防范化解风险、维护国家安全和社会稳定相结合,加强重点领域风险排查,强化源头风险防控,严防风险叠加共振、放大升级。

(三)主要目标。到2022年,资本市场违法犯罪法律责任制度体系建设取得重要进展,依法从严打击证券违法活动的执法司法体制和协调配合机制初步建立,证券违法犯罪成本显著提高,重大违法犯罪案件多发频发态势得到有效遏制,投资者权利救济渠道更加通畅,资本市场秩序明显改善。到2025年,资本市场法律体系更加科学完备,中国特色证券执法司法体制更加健全,证券执法司法透明度、规范性和公信力显著提升,行政执法与刑事司法衔接高效顺畅,崇法守信、规范透明、开放包容的良好资本市场生态全面形成。

二、完善资本市场违法犯罪法律责任制度体系

(四)完善证券立法机制。充分运用法律修正、法律解释、授权决定等形式,提高证券领域立法效率,增强法律供给及时性。

(五)加大刑事惩戒力度。贯彻实施刑法修正案(十一),同步修改有关刑事案件立案追诉标准,完善相关刑事司法解释和司法政策。

(六)完善行政法律制度。贯彻实施新修订的证券法,加快制定修订上市公司监督管理条例、证券公司监督管理条例、新三板市场监督管理条例、证券期货行政执法当事人承诺实施办法等配套法规制度,大幅提高违法违规成本。加快制定期货法,补齐期货市场监管执法制度短板。

(七)健全民事赔偿制度。抓紧推进证券纠纷代表人诉讼制度实施。修改因虚假陈述引发民事赔偿有关司法解释，取消民事赔偿诉讼前置程序。开展证券行业仲裁制度试点。

（八）强化市场约束机制。推进退市制度改革，强化退市监管，严格执行强制退市制度，研究完善已退市公司的监管和风险处置制度，健全上市公司优胜劣汰的良性循环机制。加强证券投资基金发行和运作监管，对严重违法违规的基金管理人依法实施市场退出，做好风险处置工作，保护基金持有人合法利益。完善交易场所、行业协会等对证券违法违规行为的自律监管制度。

三、建立健全依法从严打击证券违法活动的执法司法体制机制

（九）建立打击资本市场违法活动协调工作机制。成立打击资本市场违法活动协调工作小组，加大对重大案件的协调力度，完善信息共享机制，推进重要规则制定，协调解决重大问题。

（十）完善证券案件侦查体制机制。进一步发挥公安部证券犯罪侦查局派驻中国证监会的体制优势，完善线索研判、数据共享、情报导侦、协同办案等方面的行政刑事执法协作机制。进一步优化公安部证券犯罪侦查编制资源配置，加强一线侦查力量建设。

（十一）完善证券案件检察体制机制。根据案件数量、人员配备等情况，研究在检察机关内部组建金融犯罪办案团队。探索在中国证监会建立派驻检察的工作机制，通过参与案件线索会商研判、开展犯罪预防等，加强最高人民检察院与中国证监会、公安部的协同配合。加强证券领域检察队伍专业化建设。涉嫌重大犯罪案件移送公安机关时，同步抄送检察机关。

（十二）完善证券案件审判体制机制。充分利用现有审判资源，加强北京、深圳等证券交易场所所在地金融审判工作力量建设，探索统筹证券期货领域刑事、行政、民事案件的管辖和审理。深化金融审判专业化改革，加强金融审判队伍专业化建设。落实由中级法院和同级检察院办理证券犯罪第一审案件的级别管辖。加大行政处罚、司法判决的执行力度。建立专家咨询制度和专业人士担任人民陪审员的专门机制。

（十三）加强办案、审判基地建设。在证券交易场所、期货交易所所在地等部分地市的公安机关、检察机关、审判机关设立证券犯罪办案、审判基地。加强对证券犯罪办案基地的案件投放，并由对应的检察院、法院分别负责提起公诉、审判，通过犯罪地管辖或者指定管辖等方式，依法对证券犯罪案件适当集中管辖。

（十四）强化地方属地责任。加强中国证监会与地方政府及有关部门之间的信息互通和执法合作，研究建立资本市场重大违法案件内部通报制度，有效防范和约束办案中可能遇到的地方保护等阻力和干扰，推动高效查办案件。在坚持金融管理主要是中央事权前提下，强化属地风险处置责任。地方政府要规范各类区域性交易场所，依法打击各种非法证券期货活动，做好区域内金融风险防范处置工作，维护社会稳定。

四、强化重大证券违法犯罪案件惩治和重点领域执法

（十五）依法严厉查处大案要案。坚持分类监管、精准打击，全面提升证券违法大案要案查处质量和效率。依法从严从快从重查处欺诈发行、虚假陈述、操纵市场、内幕交易、利用未公开信息交易以及编造、传播虚假信息等重大违法案件。对资金占用、违规担保等严重侵害上市公司利益的行为，要依法严肃清查追偿，限期整改。加大对证券发行人控股股东、实际控制人、董事、监事、高级管理人员等有关责任人证券违法行为的追责力度。加强对中介机构的监管，存在证券违法行为的，依法严肃追究机构及其从业人员责任，对参与、协助财务造假等违法行为依法从重处罚。加快推进相关案件调查、处罚、移送等工作。依法严格控制缓刑适用。

（十六）依法严厉打击非法证券活动。加强市场监管、公安等部门与中国证监会的协同配合，完善跨部门协作机制，坚决取缔非法证券经营机构，坚决清理非法证券业务，坚决打击非法证券投资咨询等活动。加强场外配资监测，依法坚决打击规模化、体系化场外配资活动。严格核查证券投资资金来源合法性，严控杠杆率。加强涉地方交易场所案件的行政处置与司法审判工作衔接，有效防范区域性金融风险。

（十七）加强债券市场统一执法。强化对债券市场各类违法行为的统一执法，重点打击欺诈发行债券、信息披露造假、中介机构未勤勉尽责等违法行为。不断优化债券市场监管协作机制。

（十八）强化私募违法行为的法律责任。加大对私募领域非法集资、私募基金管理人及其从业人员侵占或挪用基金财产等行为的刑事打击力度。加快制定私募投资基金管理暂行条例，对创业投资企业和创业投资管理企业实行差异化监管和行业自律。

十、最高人民检察院、全国整顿和规范市场经济秩序领导小组办公室、公安部、监察部关于在行政执法中及时移送涉嫌犯罪案件的意见（高检会〔2006〕2号）

各省、自治区、直辖市人民检察院、整顿和规范市场经济秩序领导小组办公室、公安厅（局）、监察厅、（局），新疆生产建设兵团人民检察院、整顿和规范市场经济秩序领导小组办公室、公安局、监察局：

为了完善行政执法与刑事司法相衔接工作机制，加大对破坏社会主义市场经济秩序犯罪、妨害社会管理秩序犯罪以及其他犯罪的打击力度，根据《中华人民共和国刑事诉讼法》、国务院《行政执法机关移送涉嫌犯罪案件的规定》等有关规定，现就在行政执法中及时移送涉嫌犯罪案件提出如下意见：

一、行政执法机关在查办案件过程中，对符合刑事追诉标准、涉嫌犯罪的案件，应当制作《涉嫌犯罪案件移送书》，及时将案件向同级公安机关移送，并抄送同级人民检察院。对未能及时移送并已作出行政处罚的涉嫌犯罪案件，行政执法机关应当于作出行政处罚十日以内向同级公安机关、人民检察院抄送《行政处罚决定书》副本，并书面告知相关权利人。

现场查获的涉案货值或者案件其他情节明显达到刑事追诉标准、涉嫌犯罪的，应当立即移送公安机关查处。

二、任何单位和个人发现行政执法机关不按规定向公安机关移送涉嫌犯罪案件，向公安机关、人民检察院、监察机关或者上级行政执法机关举报的，公安机关、人民检察院、监察机关或者上级行政执法机关应当根据有关规定及时处理，并向举报人反馈处理结果。

三、人民检察院接到控告、举报或者发现行政执法机关不移送涉嫌犯罪案件，经审查或者调查后认为情况基本属实的，可以向行政执法机关查询案件情况、要求行政执法机关提供有关案件材料或者派员查阅案卷材料，行政执法机关应当配合。确属应当移送公安机关而不移送的，人民检察院应当向行政执法机关提出移送的书面意见，行政执法机关应当移送。

四、行政执法机关在查办案件过程中，应当妥善保存案件的相关证据。对易腐烂、变质、灭失等不宜或者不易保管的涉案物品，应当采取必要措施固定证据；对需要进行检验、鉴定的涉案物品，应当由有关部门或者机构依法检验、鉴定，并出具检验报告或者鉴定结论。

行政执法机关向公安机关移送涉嫌犯罪的案件，应当附涉嫌犯罪案件的调查报告、涉案物品清单、有关检验报告或者鉴定结论及其他有关涉嫌犯罪的材料。

五、对行政执法机关移送的涉嫌犯罪案件，公安机关应当及时审查，自受理之日起十日以内作出立案或者不立案的决定；案情重大、复杂的，可以在受理之日起三十日以内作出立案或者不立案的决定。公安机关作出立案或者不立案决定，应当书面告知移送案件的行政执法机关、同级人民检察院及相关权利人。

公安机关对不属于本机关管辖的案件，应当在二十四小时以内转送有管辖权的机关，并书面告知移送案件的行政执法机关、同级人民检察院及相关权利人。

六、行政执法机关对公安机关决定立案的案件，应当自接到立案通知书之日起三日以内将涉案物品以及与案件有关的其他材料移送公安机关，并办理交接手续；法律、行政法规另有规定的，依照其规定办理。

七、行政执法机关对公安机关不立案决定有异议的，在接到不立案通知书后的三日以内，可以向作出不立案决定的公安机关提请复议，也可以建议人民检察院依法进行立案监督。

公安机关接到行政执法机关提请复议书后，应当在三日以内作出复议决定，并书面告知提请复议的行政执法机关。行政执法机关对公安机关不立案的复议决定仍有异议的，可以在接到复议决定书后的三日以内，建议人民检察院依法进行立案监督。

八、人民检察院接到行政执法机关提出的对涉嫌犯罪案件进行立案监督的建议后，应当要求公安机关说明不立案理由，公安机关应当在七日以内向人民检察院作出书面说明。对公安机关的说明，人民检察院应当进行审查，必要时可以进行调查，认为公安机关不立案理由成立的，应当将审查结论书面告知提出立案监督建议的行政执法机关；认为公安机关不立案理由不能成立的，应当通知公安机关立案。公安机关接到立案通知书后应当在十五日以内立案，同时将立案决定书送达人民检察院,并书面告知行政执法机关。

九、公安机关对发现的违法行为,经审查,没有犯罪事实,或者立案侦查后认为犯罪情节显著轻微,不需要追究刑事责任,但依法应当追究行政责任的,应当及时将案件移送行政执法机关,有关行政执法机关应当依法作出处理,并将处理结果书面告知公安机关和人民检察院。

十、行政执法机关对案情复杂、疑难,性质难以认定的案件,可以向公安机关、人民检察院咨询,公安机关、人民检察院应当认真研究,在七日以内回复意见。对有证据表明可能涉嫌犯罪的行为人可能逃匿或者销毁证据,需要公安机关参与、配合的,行政执法机关可以商请公安机关提前介入,公安机关可以派员介入。对涉嫌犯罪的,公安机关应当及时依法立案侦查。

十一、对重大、有影响的涉嫌犯罪案件,人民检察院可以根据公安机关的请求派员介入公安机关的侦查,参加案件讨论,审查相关案件材料,提出取证建议,并对侦查活动实施法律监督。

十二、行政执法机关在依法查处违法行为过程中,发现国家工作人员贪污贿赂或者国家机关工作人员渎职等违纪、犯罪线索的,应当根据案件的性质,及时向监察机关或者人民检察院移送。监察机关、人民检察院应当认真审查,依纪、依法处理,并将处理结果书面告知移送案件线索的行政执法机关。

十三、监察机关依法对行政执法机关查处违法案件和移送涉嫌犯罪案件工作进行监督,发现违纪、违法问题的,依照有关规定进行处理。发现涉嫌职务犯罪的,应当及时移送人民检察院。

十四、人民检察院依法对行政执法机关移送涉嫌犯罪案件情况实施监督,发现行政执法人员徇私舞弊,对依法应当移送的涉嫌犯罪案件不移送,情节严重,构成犯罪的,应当依照刑法有关的规定追究其刑事责任。

十五、国家机关工作人员以及在依照法律、法规规定行使国家行政管理职权的组织中从事公务的人员，或者在受国家机关委托代表国家机关行使职权的组织中从事公务的人员，或者虽未列入国家机关人员编制但在国家机关中从事公务的人员，利用职权干预行政执法机关和公安机关执法，阻挠案件移送和刑事追诉，构成犯罪的，人民检察院应当依照刑法关于渎职罪的规定追究其刑事责任。国家行政机关和法律、法规授权的具有管理公共事务职能的组织以及国家行政机关依法委托的组织及其工勤人员以外的工作人员，利用职权干预行政执法机关和公安机关执法，阻挠案件移送和刑事追诉，构成违纪的，监察机关应当依法追究其纪律责任。

十六、在查办违法犯罪案件工作中，公安机关、监察机关、行政执法机关和人民检察院应当建立联席会议、情况通报、信息共享等机制，加强联系，密切配合，各司其职，相互制约，保证准确有效地执行法律。

十七、本意见所称行政执法机关，是指依照法律、法规或者规章的规定，对破坏社会主义市场经济秩序、妨害社会管理秩序以及其他违法行为具有行政处罚权的行政机关，以及法律、法规授权的具有管理公共事务职能、在法定授权范围内实施行政处罚的组织，不包括公安机关、监察机关。

主要参考资料

一、著作类

1. 陈兴良:《本体刑法学》,商务印书馆 2001 年版。

2. 刘宪权:《刑法学》(第三版)(上),上海人民出版社 2012 年版。

3. 最高人民检察院法律政策研究室、中国证券监督管理委员会法律部:《证券期货犯罪司法认定指南——最高人民检察院公安部关于证券期货犯罪案件追诉标准精释》,中国人民公安大学出版社 2009 年版。

4. 葛向孜:《内幕交易监管下的豁免制度研究》,法律出版社 2022 年版。

5. 中国证券监督管理委员会稽查局:《证券期货稽查典型案例分析》(2005 年卷)(2008 年卷),科学出版社 2011 年版。

6. 中国证券监督管理委员会稽查局:《证券期货稽查典型案例分析 2002 ~ 2003 年卷》,首都经济贸易大学出版社 2010 年版。

7. 张小宁:《证券内幕交易罪研究》,中国人民公安大学出版社 2011 年版。

8. 王崇青:《全流通时代的证券犯罪问题研究》,中国人民公安大学出版社 2014 年版。

9. 雷丽清:《中美内幕交易罪比较研究》,中国检察出版社 2014 年版。

10. 杨亮:《内幕交易论》,北京大学出版社 2001 年版。

11. 张祥宇:《内幕交易罪客观构成要件要素研究》,中国政法大学出版社 2018 年版。

12. 曹理:《证券内幕交易构成要件比较研究》,法律出版社 2016 年版。

13. 井涛:《内幕交易规制论》,北京大学出版社 2007 年版。

14. 中国证券监督管理委员会行政处罚委员会:《证券期货行政处罚案例解析》(第一辑),法律出版社 2017 年版。

15. 朱锦清:《证券法学》(第 5 版),北京大学出版社 2022 年版。

16. 喻海松:《实务刑法评注》,法律出版社 2022 年版。

17. 中国证券监督管理委员会行政处罚委员会:《证券期货行政处罚案例解析》(第二辑),法律出版社 2019 年版。

二、论文类

1. 王新:《内幕交易罪危险犯性质及犯罪形态的探析》,载《中国刑事法杂志》2012 年第 3 期。

2. 杨书文:《试议经济犯罪的风险性与经济刑法的扩张化——兼及晚近刑事立法中的经济犯罪》,载《江西警察学院学报》2017 年第 5 期。

3. 齐萌:《证券内幕交易主体理论的检讨与选择》,载《湖北经济学院学报

（人文社会科学版）》2021 年第 6 期。

4. 冯玉梅、唐斌：《内幕交易问题研究进展与评述》，载《金融理论与实践》2018 年第 8 期。

5. 左坚卫、张淑芬：《内幕信息重大性认定问题研究》，载《刑法论丛》2019 年。

6. 王伟伟：《信息敏感期内的股票交易》，载《法治在线》2021 年。

7. 黄江东：《内幕交易若干案例分析及法理探讨》，载《创新与发展：中国证券业 2018 年论文集》。

8. 缪因知：《反欺诈论下的内幕交易类型重构：原理反思与实证检验》，载《法学家》2021 年第 1 期。

9. 曾洋：《证券内幕交易主体识别的理论基础及逻辑展开》，载《中国法学》2014 年第 2 期。

10. 陈兴良：《刑法因果关系：从哲学回归刑法学——一个学说史的考察》，载《法学》2009 年第 7 期。

11. 王志坤：《以案例为镜像的〈刑法总论〉——评山口厚〈刑法总论〉》（第 3 版），载《人民检察》（首都版）2018 年第 5 期。

12. 周光权：《犯罪构成要件理论的论证及其长远影响》，载《政治与法律》2017 年第 3 期。

三、案例类

1. 周某和与中国证监会行政诉讼判决书、裁定书，（2016）京 01 行初 1076 号、（2017）京行终 2804 号、（2017）最高法行申 8678 号。

2. 江苏省南通市人民检察院诉刘某春、陈某玲内幕交易案，案例来源：《最高人民法院公报》2013 年第 1 期。

3. 上海市高级人民法院：陈某红等泄露内幕信息、内幕交易二审刑事裁定书，(2015)沪高刑终字第 140 号，案例来源：中国裁判文书网。

4. 韩某华内幕交易案，案例来源：证监会河南监管局网，载 http://www.csrc.gov.cn/henan/c104282/c1351548/content.shtml，查询日期 2022 年 10 月 8 日。